清川妙の手紙ものがたり

清川妙

清流出版

著者が長年愛用してきた万年筆

はじめに

この本は、世の中にときどきある「この本さえ読めば、すぐに手紙が書ける」というようなマニュアル的な本ではありません。

この本を読むあなたが、ああ、手紙ってこういうものだ、手紙ってなんといいものだろう、と愉《たの》しみながら読んでいくうちに、手紙の醍醐味を知り、手紙のいとしさ、なつかしさを愛して、実際に手紙を書く人になられることを願い、また、深くそのことを信じる本なのです。

この本には二十人の方の実際の手紙を収めました。それぞれの方と私とのおつきあいにはロマンティックなドラマがあります。そのいきさつを紹介し、手紙への感想を語り、ときには、私の返事も添えています。

実際の手紙の写真や資料などもお見せしながらの、手紙エッセイ集といえるでしょうか。また魅力的な手紙を陳列した個展といってもいいでしょう。目にも充分楽しんでいただける本になりました。

収められた手紙は多彩です。

一通も捨てずに箱に収めてある亡き親友の手紙は、私の心に、一生効き続けるサプリメント。読み返すたびに励まされ、元気を出さなければと心の姿勢を立て直すのです。

私の本を読み、すぐに手紙を書かれたことがきっかけで、古典を読む教室に入って来られ、それからもう四十年近くも勉強を続けてきた人たちの手紙も収めています。

また、はじめて私の本を読んで、以来、感想の手紙をずっと送り続けてこられた読者とは、二十数年経って会ったとき、いつも会っていた感じがしたものでした。

少女という気分の濃い文章の中にも、親愛感と快いマナーが感じられる若い読者の手紙もあります。

心模様の多彩さだけでなく、その形や色彩などの個性もさまざまです。手作りの版画の年賀状、手書きの絵葉書、古い雑誌から見つけた写真を貼ったカード、刺繡入りのカード、いつもきまってネコ絵葉書、きまって花絵葉書など……。

メール全盛のいまの時代。手紙なんてもう時代遅れと思っている人はいませんか。

それはとんでもない間違いです。いまの時代だからこそ、むしろ、このていねいな心、ていねいな形に支えられた文通というものは見直されなければいけませんし、見直し、実践することによって、あなたの人生はいきいきと展開しはじめるのです。

手紙は単なるものではありません。

手紙はそれを書いた人そのものが、相手のところに行って、とどまるのです。ある日、手に取った古い手紙から、私は、ときどき、その人の面影が顕《た》ちあらわれ、声音《こわね》も聞こえてくる思いさえ持つことがあります。

封筒を開けば君の歩み寄るけはひ覚ゆるいにしへの文

与謝野晶子

この感覚をまさに私も持つのです。

手紙は、その人の代わりに、相手を訪問するもの。手紙を書くとき、いつも私はそう思い、あらためて、自分に言い聞かせもするのです。葉書は、お気に入りのカジュアルな服装を着ての訪問。便箋、封筒はすこし改まった服装での訪問。

文章は訪問のときの言葉。字は声です。

会話は愉しく明るく、声は明晰に、と心がけるなら、文章もおのずから真心こめて、相手にやさしい言葉を贈り、字はていねいに書くことになるでしょう。

手紙にも、その人の心の表情が、そっくりあらわれるのです。

この本を読んだあなたが、もし、いままでにも手紙生活を持っている方なら、この本によってあなたの手紙美人度はより高くなると思います。

また、いままで手紙を書いていなかった、という方が、手紙を書こう、と思われたら、これは、しめたものです。

さあ、すぐに手紙を書きはじめてください。いまからだって、けっして遅くはありません。いつだって、いまがはじまりなのです。

すぐに葉書、便箋、封筒など、気に入ったものを買いととのえて、書きはじめましょう。

おきまりの手紙用語など気にしなくていいのです。見栄をはる必要なんかありません。なつかしいなあ、と思いながら御無沙汰している旧友にでも、書いてみたらいかが。それがきっかけで、また遠い日の友情が胸熱く復活することなどもありそうですね。

手紙を書く人生を持つことは、その人を磨き、心を老いさせません。なるべく、明るく、こまやかな、そして、五感の鋭い、情感ゆたかな手紙を書こうと、自分に言いつけてください。そして、ずっと続けましょう。

これからの人生を、手紙という手段を使って、ていねいに、気長に、自分で自分を訓練し、輝くものに仕立てあげましょう。手紙を書くことは、最高の老化防止策なのです。

清川 妙

清川妙の手紙ものがたり　もくじ

著者愛用の一筆箋、封筒、葉書、切手、万年筆、ペンケース

I 喜びを贈る

II 心をつなぐ

III 笑顔を届ける

IV 感謝をこめる

ブックデザイン　原田恵都子（ハラダ＋ハラダ）
写真撮影　田邊美樹（カバー、帯、もくじ扉、章扉、奥付、P2、P191）
編集協力　渡辺のぞみ

I 喜びを贈る

銀座で出逢った
ドレミのおじさん

銀座七丁目すずらん通り。

銀座の広い大通りより一筋西へ入った、このおしゃれな通りに「ドレミ」というシンプルな名前の、小さな愛すべき婦人服の店があった。あった、と過去形で書かなければならないのは、ほんとうに残念なことだが、その店は二〇一〇年に閉じられたのだ。

この手紙物語は、私と、その店主である獅々田《ししだ》全弘《まさひろ》さんの友情物語である。

――二〇〇五年の初夏、私はたまたまその店の前を通りかかった。見知らぬ店だが、ショーウィンドウに飾られていた一着のサマーセーターが私を呼びとめた。私は自然に店内に入っていった。小さな店だったが、センスのいい、形も色彩も上品な服が揃っていた。そのとき目にとまったセーターは買わなかったが、店は心に残り、それ以後、銀座四丁目あたりまで出るチャンスがあれば、「ドレミ」を訪ねてみるようになった。

店主は六十代のおだやかな人柄の男性で、銀座に五十年店を構えている方。洋服の目ききにかけては筋金入りだった。

一着、二着と買っていった服は、どれも私によく似合った。友達にその服をほめられると、私は「ドレミのおじさんのすすめよ」と言った。

私と、ドレミのおじさんこと獅々田さんとのおつきあいは六年間続いた。だが、前述の通り、店は閉じられたのだ。現在の銀座で小さな愛すべき、センスある店を維持するのはむつかしいことなのだろうか。

さて、私がこの物語を書こうと思いついたのは、昨夏、おじさんから暑中見舞がきたことからだった。〝いつも思い出しています〟という言葉があった。私もすぐに返事を出した。

〝お便りありがとうございました。私のほうもいつもなつかしく思い出して、ゆっくりお手紙さしあげたいと思っていました。ドレミのお店でたくさん買わせていただきましたので、いまも講義やインタビューを受けるときなど、ドレミのジャケット、ブラウス、Tシャツなど、これはショーケースの中にあった一目惚れとか、これは壁にかかっていたおすすめのものとか、ひとつひとつにしみついている思い出と共に愉しく着ています。

今年になってから『兼好さんの遺言』（小学館）と、『九十歳。生きる喜び学ぶ楽しみ』（海竜社）の二冊を出しています。お買い求めくだされば、どんなにうれしいことでしょう。

ドレミがないので銀座にも行かなくなりました〟

残暑の頃になって、おじさんからまたお手紙がきた。分厚い封書。開けてみると、四枚の便箋。鳩居堂の、上等な白紙に銀罫のものだ。

〝先日はお便りありがとうございました。お返事が遅くなり、ほんとうに申し訳ございません。早速、本屋に行き、『兼好さんの遺言』『九十歳。生きる喜び学ぶ楽しみ』を求め、二冊とも全部読ませていただきました。一頁一頁がためになり、いろいろな面で元気が出、愉しく、特に兼好さんを知らなくて、日本百科事典、人名事典で調べました。生誕一二八三年頃、本名卜部兼好……くわしく解りました。

清川様がドレミの店にいらしてたときは聞いていましたけれど、大変お忙しく執筆活動、講演会、映画評論、海外旅行など、驚きの連続です。そして、江戸文化歴史検定の試験合格おめでとうございます。

そのすくない時間店に来てお買物していただき、ほんとうに感謝しておりました。いまも手元にある何冊かの本を読み返しては、ドレミにいらしてた当時のことを思い出しています。清川様のやさしい笑顔が頭に残っています。

いただいたお手紙、お葉書、コピーしてくださった新聞雑誌の切り抜き、その他、みんな大事に保管しております。ご活躍お祈りしています。まだまだ暑い日が続きそうです。くれぐれもご自愛くださいませ〟

そして、四枚目の便箋に書かれているものは、私の目をみはらせた。

〝懐しいので書いてみました。清川様が来店して下さった日から、ドレミ閉店までのドレミの年表です。

二〇〇五年＝六月十一日、六月二十日
二〇〇六年＝六月二十六日、七月六日
二〇〇七年＝六月二日、七月八日、八月三日、九月二十五日、十月三日
二〇〇八年＝三月二十六日、七月五日、九月二十四日、十一月七日、
十一月二十六日
二〇〇九年＝三月十七日、六月二十三日、七月十四日、八月二十六日、

十一月十六日

二〇一〇年＝四月一日、五月十四日、七月一日、七月十五日閉店〟

私は感動した。なんと仕事を愛していた方なのだろう。私の来店の日のメモまでちゃんと残していらっしゃるなんて——そんな人が他にあろうか。〝清川様のお手紙、お葉書、新聞雑誌の切り抜きなど、みんな大事に保管してあります〟という言葉にも、私は心惹かれた。自分がどんな手紙を出したか、知りたいと思った。

私は横浜のご自宅に電話した。

「先日のお手紙、とてもお心がこもり、また愉しいものだったので、『清川妙の手紙ものがたり』というこのたび出す本の中に入れさせていただいてもいいでしょうか。よかったら、そちらにお持ちの私の手紙も全部お送りくださいませんか。もちろん、原稿を書いたあとにはまたお返ししますから」

獅々田さんは快諾してくださった。

すぐに、また分厚い封筒がきた。私の出した葉書が六通、一筆箋が三枚、重ねて、ていねいに薄紙に包まれていた。獅々田さんの一筆箋も添えてあった。

〝お手紙が届いた頃、私からお電話します〟

返していただいた自分の手紙を読んでいると、電話がかかってきた。なんと律儀なことだろう。

「私の手紙届きましたでしょうか」

なつかしい声だ。

「ごめんなさいね。ご面倒なことをお願いして。私、安心しました。どの手紙もみんなていねいに書いていましたもの」

六枚の葉書のうち、消印がはっきりと読み取れるものは二通しかなかった。

だが、先日いただいた貴重な年間記録がある。その記録に照らしあわせ、記憶も蘇らせながら、私は一枚一枚を読み辿っていった。

最初の葉書と思われるものは、二〇〇六年の七月二十三日に出したもの。京都の龍枝堂の罫入りの葉書。左下にレンゲショウマの垂《しだ》り花の絵。

〝先日は美しいブラウスをおすすめくださってほんとうにありがとうございました。また小学館から七月号から創刊された『はなまるげんき』というシニア雑誌の九月号(八月終わりに出ます)に、あのブラウスの上にグレーの麻のジャケットを着た写真が大きく出ます。(扉の写真)

あのブラウスを買ってよかったと思っています。ファッション・アドバイスをありがとうございます。また銀座にでかけたら寄らせていただきます。お元気で〟

ドレミとのご縁がはじまったばかりで、私の手紙もういういしい。あて名もまだ〝ドレミのご主人様〟だ。

写真が載った『はなまるげんき』を、私は送ったらしい。雑誌にはさんだと思われる一筆箋も返送してくださっている。これも龍枝堂の筆の絵つきの一筆箋だ。しわひとつ、折り目ひとつないことに、ていねいに保存してくださっていたことがよくわかる。

〝美しいブラウスをおすすめくださいましたおかげで、いいグラビヤ写真ができました。（表紙にも）ありがとうございました。また私に似あうものが入りましたらお知らせくださいませ。お元気で！　またうかがいます〟

消印の年がまったく読み取れない葉書もある。八月五日、真夏に出している。これも龍枝堂の罫入り葉書で。

〝先日は海島綿のシャツをおすすめくださいまして、ありがとうございました。帰ってきて、れいのグレーの麻ジャケットの下に着てみましたら、ぴったり似合いました。横の線もとてもきいています。（明日、試写室に着ていきます）今年はドレミが大活躍ですね！　ありがとうございます。おいしい空也もなかもごちそうさまでした〟

小さな店なのに、店の奥には小さなテーブルと椅子が置いてあり、そこにすわると、いつも空也もなかとお茶が出た。お店にふさわしく小さなかわいこのもなかは予約しないと買えない銀座の名店のものなので、私はおよばれするのを愉しみにしていたのだった。紙箱に七つ八つ残っているのを、お土産に持たせてくださるのもいつものことだった。

すみれの模様の一筆箋に認《したた》めたものもあった。

〝この前いただいたTシャツも衿にワイヤー入りの小花模様のジャケットも大活躍で、先日はその二つを重ねたいでたちで、ビデオ撮りもいたしました（神戸のフェリシモという大手通販会社の教養講座）

お目にかけるこのコピーは日本語教育新聞に載ったもので、あのTシャツです（わが家の机の前）

セールにものぞいてみたいなあと思っています。とびきり私向きのものがあれば取っておいてくださいませ（ひいきしてくださいませ）

梅雨の間もお元気で〟

消印がはっきりわかるのが二通続く。ひとつは裏面に写真を印刷してあり、表面の下半分に短い文章。二〇〇八年十月の葉書。

〝いつもすてきなアドバイスありがとうございます。盛岡へもおすすめの服を着て講演にまいりました。とてもロマンティックな街でおすすめの服がよく似合いました。この服、教室にもずいぶん着ていき、大活躍しています。またうかがいます〟

裏の写真がとびきり愉しいものだった。猫の事務所という立ち机を立てて、洋服を着た大きな作りものの猫が二匹机の前にすわっている。

その机の間にはさまった椅子に私がかけている。私らしい紅や茶や濃緑の花柄ジャケット。渋い茶色の帽子をかぶり、ほほえんでいる旅の私である。

次は山の上ホテルの絵葉書で。

〝先日いただいたキャッスルベリーの服は、大変役に立ちました。『クロワッサン』の増刊号の『ビオ』という雑誌に四ページ「清川妙さんの暮らし」が載りますが、その中にあの服を着ている私の写真が出ます。

季節にも雰囲気にも合う服をいただいてよかった、と思ったことでした。

十月十四日発売。買ってくださいね〟

おじさんと私の親交は深くなっている。〝買ってくださいね〟と言える相手になっているのだ。そして、確実に買ってくださる方だということもよくわかっているのだ。

来年には閉店なさると聞いた頃の、便箋一枚に書いた手紙もあった。その頃出した本にはさんで出したものらしい。

〝ふとしたご縁で識《し》りあって、とても親しくさせていただき、うれしゅうございます。シルクカシミヤのばらのカーディガンは、旅にとても重宝することと思います。お送りする本でイギリスをお愉しみくださいませ。七月発売の『ゆうゆう』にも三ページくらい出ますので、見てくださいませ〟

このように雑誌のグラビヤに載ることを事前に伝えると、かならず発売日に買ってくださり、その後長くその雑誌は店の棚に立てかけられ、お客様にもそのことを広めてくださるのだった。

そして、最後の年、二〇一〇年八月に、閉店ご挨拶の印刷葉書ができた。さびしかった。お礼の葉書を書いた。あて名はこのときから横浜市青葉区のご自宅になっている。

〝お手紙ありがとうございました。ショーウィンドウのお洋服に心惹かれてふっとお店に入ったのがきっかけで、ずいぶん深いご縁になりました。いろいろの愉しい思い出がいっぱいです。お世話になりました。いただいたきれいな服がたくさんありますので、着たときにはいつもドレミを思い出しましょう。またお目にかかれる日を楽しみにしています。

いただいた洋服はたくさんの方にほめていただいています。――また、洋服のお仕事をなにかの形でおはじめにならないかなあ……と思っています。

おからだご大切に〃

＊　＊　＊

ドレミのおじさんと私の手紙物語のテーマは「まごころ」である。ふとした縁からも、人々は忘れ得ぬ友情を紡ぎ出すことができる。「まごころ」という要素の中には「すぐに」「かならず」「いつもていねいに」という要素が含まれている。相手を「仕事の人」として尊敬するおたがいの心が基調にあることも大切な要素である。

ドレミのおじさんからの手紙（2011年9月13日）

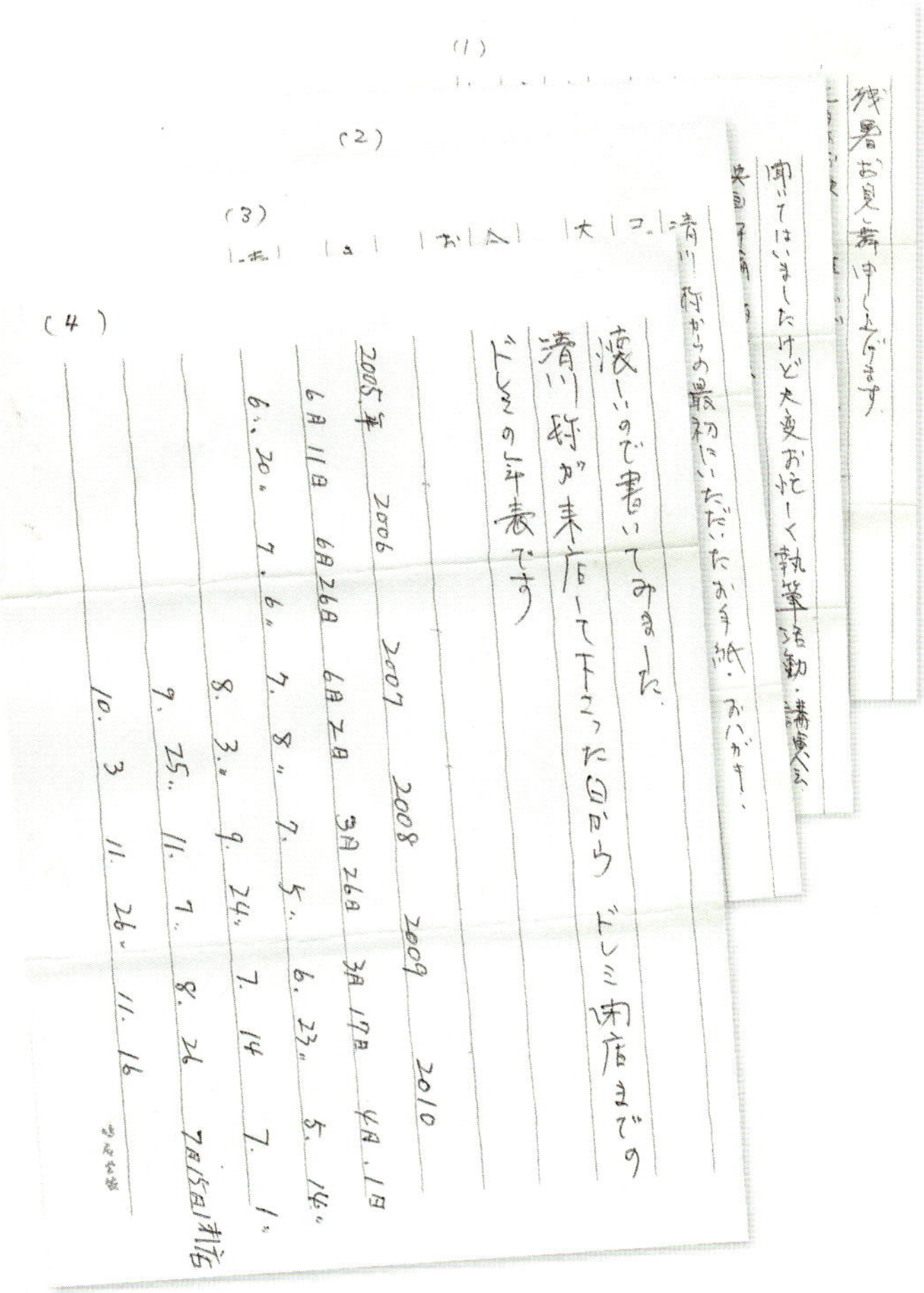
(4)
涼しいので書いてみました。
清川さんが来店して下さった日から　ドレミ閉店までの
ドレミの年表です
2005年　2006　2007　2008　2009　2010
6月11日　6月26日　6月2日　3月26日　3月17日　4月1日
6〃20〃　7.6〃　7.8〃　7.5〃　6.23〃　5.14〃
8.3〃　9.24〃　7.14　7.1〃
9.25〃　11.7〃　8.26　7月15日閉店
10.3　11.26〃　11.16

4枚目の便箋には、来店日のメモが詳細に記してある。

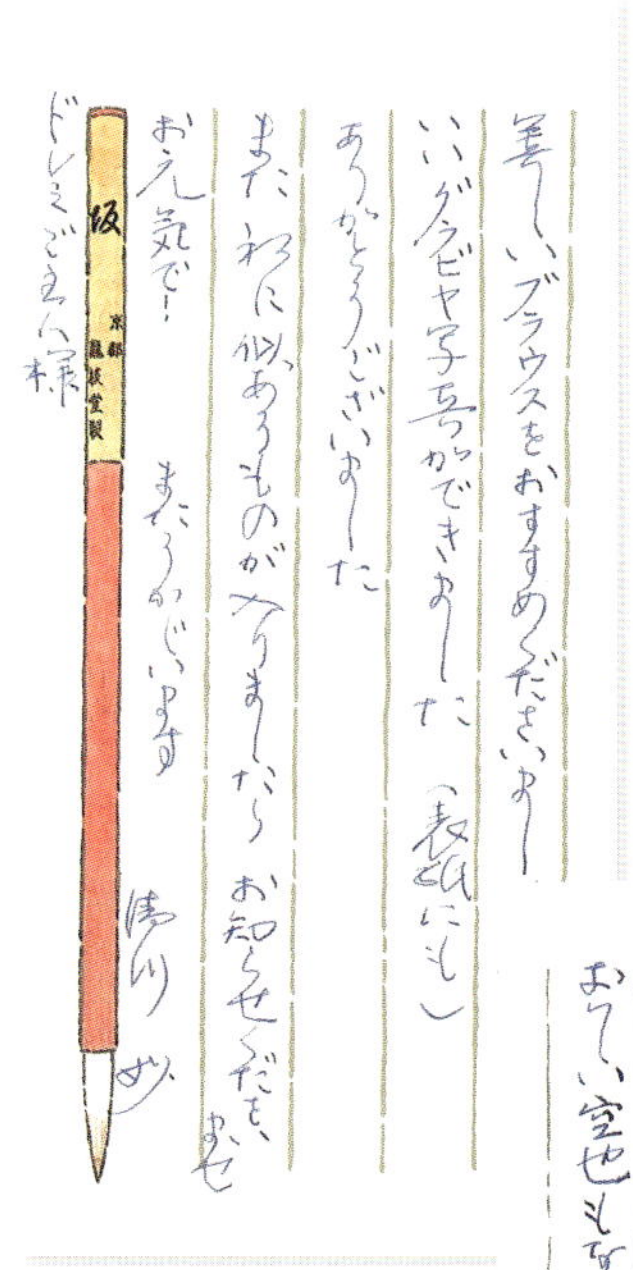

美しいブラウスをおすすめくださいまして
いいグラビヤ写真ができました（表紙にも）
ありがとうございました
またわたしに似合うものが入りましたらお知らせくださいませ
お元気で！
またうかがいます
ドレミご主人様

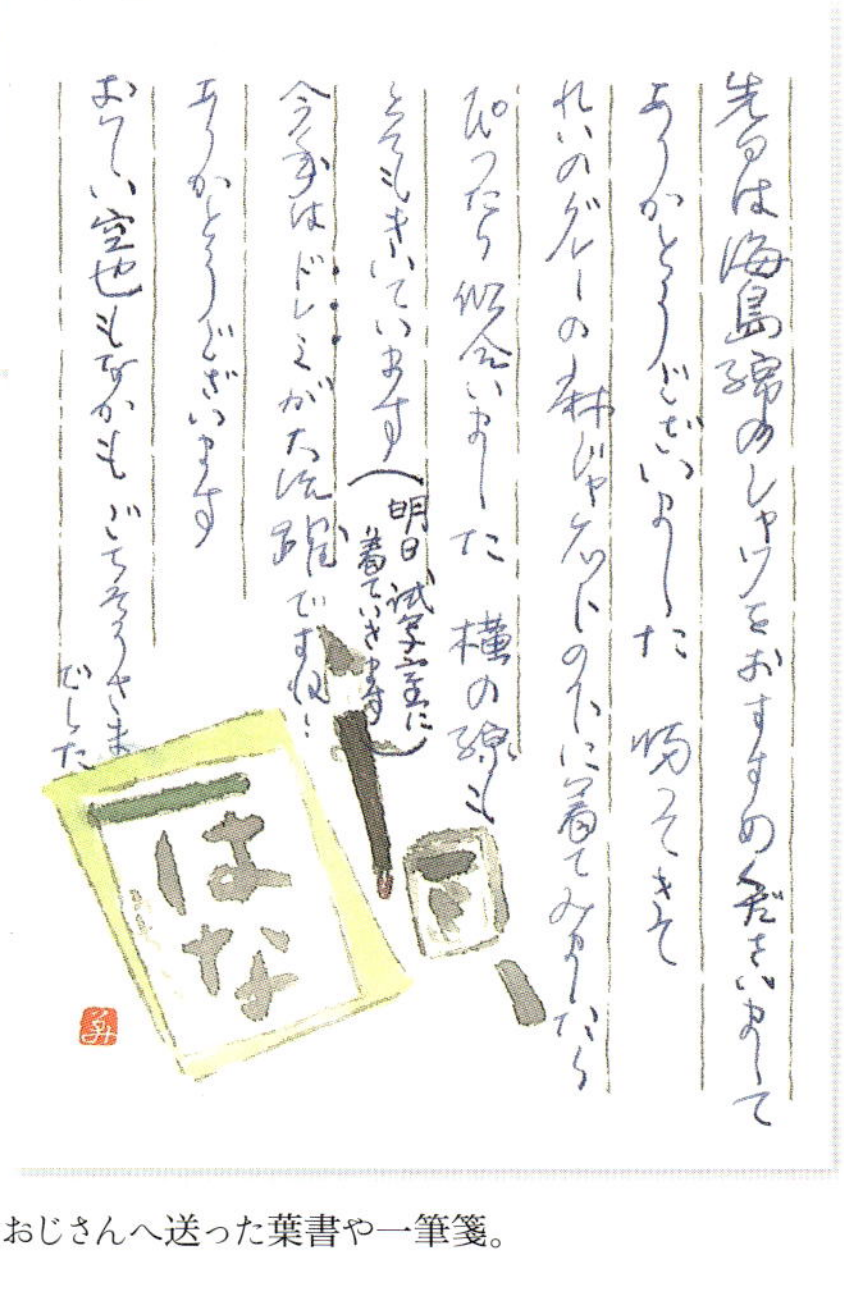

先日は海島綿のシャツをおすすめくださいまして
ありがとうございました
れいのグレーの麻ジャケットの下に着てみましたら
ぴったり似合いました
とてもきにいっています（明日試写室に着ていきます）
今年はドレミが大活躍ですね！
ありがとうございます
おいしい空也もなかもごちそうさまでした

著者からドレミのおじさんへ送った葉書や一筆箋。

たゆまず、おこたらず

36、37ページの写真は、私の「万葉集」「枕草子」「古典のハイライトを読む」などのすべての教室の、長い、長い間の生徒である津田仁美《つだひとみ》さんにあてて、私が書いたお祝いの手紙。二〇〇一年に出しているから、十一年前の手紙である。

これについて説明する前に、まず、長い長いご縁について語らなければならない。

一九八一年の暮れ、津田さんは当時お住まいの埼玉県北本市の書店で『聡明な女の文章力』（主婦と生活社）という私の本に出会い、まえがきを読んで、すぐに求められた。翌年はじめ、彼女は私に手紙を書いた。「本には、文章をどう書くかより、どう生きるかの示唆がいっぱいでした。この本によって生まれた、新しい出発への決意をどうしても伝えたくて……」とは、後に彼女から聞いた言葉である。

私はすぐに返事を書いた。すばらしい読者にめぐりあえた喜びと共に、その頃主婦の友文化センターで持っていた枕草子教室に誘う言葉も添えた。そして、このお祝いの手紙にも書いたのだが、彼女もまたすぐに〝まるで女子学生のようにういういしく〟あらわれたのだ。

あらわれた日から、十八年目に津田さん初の著書『山の雫《しずく》』は出されている。初心のままに、通い続け、学び続けられた成果である。

私が〝これこそありがたきことです〟と書いている、その〝ありがたき〟とは、『枕草子』でいう〝めったになくて、珍しい〟という意味である。

〝片目をつぶって〟に私がこだわっているのは、誠実に学びを重ね、深く考え、ていねいな心と言葉で綴られた文章なら、晴れやかに胸をはって、世に送り出す価値は充分あるはずと思うからであって、けっして文句を言っているのではない。津田さんの努力が身に沁みてわかるからこその応援なのである。

『山の雫』以後も、たゆまず、おこたらず、教室に通って来られた。からだの状態の悪いときも、だいぶ続いた。そんな月日も、北本から後に転居された鴻巣《こうのす》から、ときには途中で電車を降りて、ホームで休みながらも、ともかく通い続けられた。

「母さんの頭の中にはダイヤモンドがいっぱい詰めこまれているね」

と、津田さんのご主人は、愉しげにからかわれるという。

この原稿を書き終えて、津田さんと私を結ぶ最初のきっかけとなった『聡明な女の文章力』を読み直してみた。まえがきに私はこう書いている。

〝一歩ずつ踏みしめ、大切に、人生をいとしみ、たしかに生きる日々の喜びを、お手わたししたかったのです。なにかを目指し、それに向かって、ひたすらにすすむ、その心のときめきをおつたえしたかったのです。読んでくださるかたの心に、その喜びが芽生え、花を咲かせ、実ることを、心から祈りつつ、この本をお贈りいたします〟

津田さんの中に、私の祈りは届いた。その実りは、今年はじめに出る三冊目の本『明日もまた』(花梨書房)となった。彼女はいまや私のかけがえのない同志のひとりになられた。

津田仁美さんへの手紙（2001年7月5日）

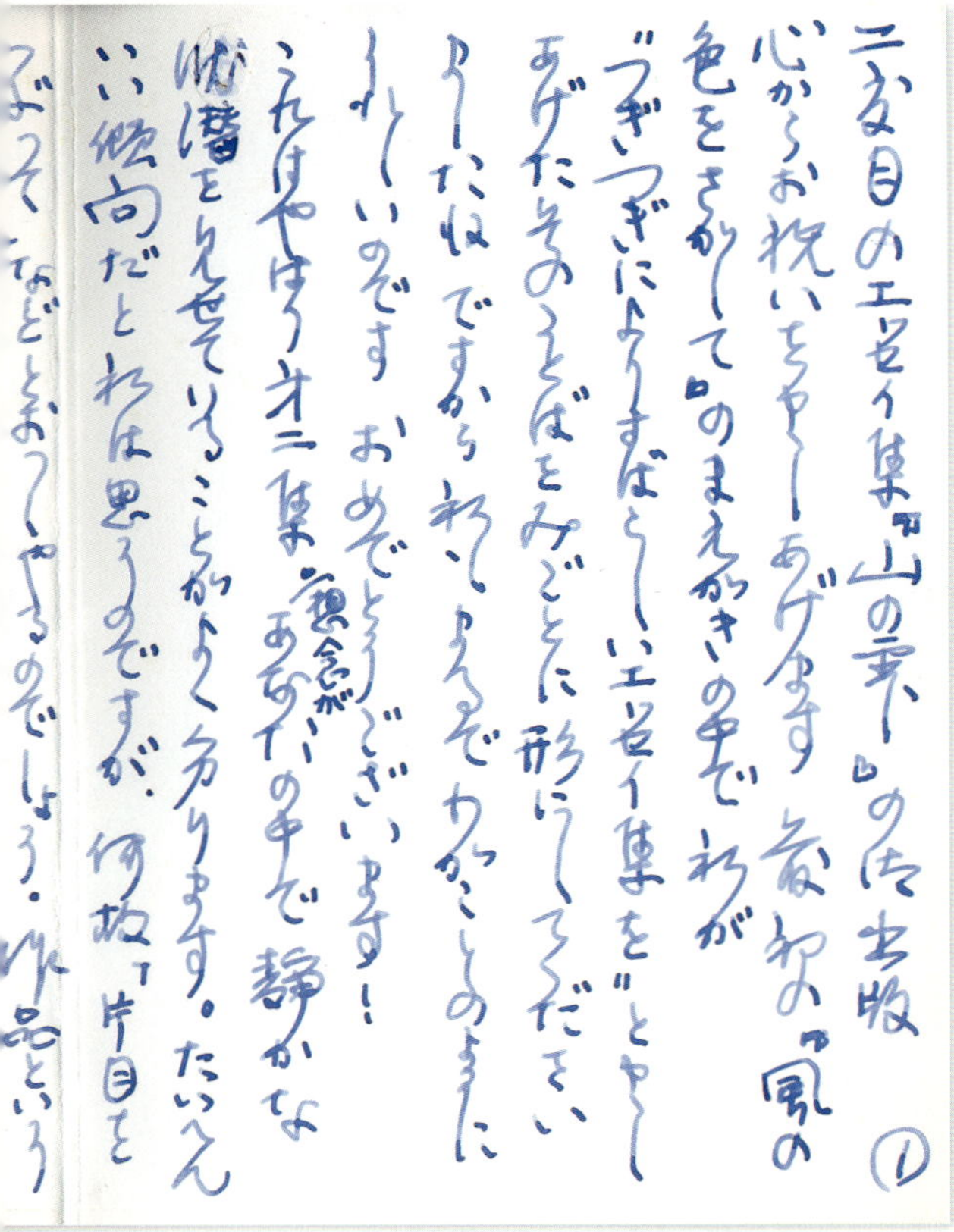
二冊目のエッセイ集『山の声』の出版 ①
心からお祝い申し上げます 最初の『風の
色をさがして』のまえがきの中で私が
"つぎつぎにすばらしいエッセイ集を"と申し
あげたそのことばをみごとに形にしてくださ
いましたね ですから私はまるでわがことのように
うれしいのです おめでとうございます！
これはやはり才二集の想念があなたの中で静かな
熟成をみせていることがよく分ります。たいへん
いい傾向だと私は思うのですが、何故『片目を
つぶって』などとおっしゃるのでしょう。作品という

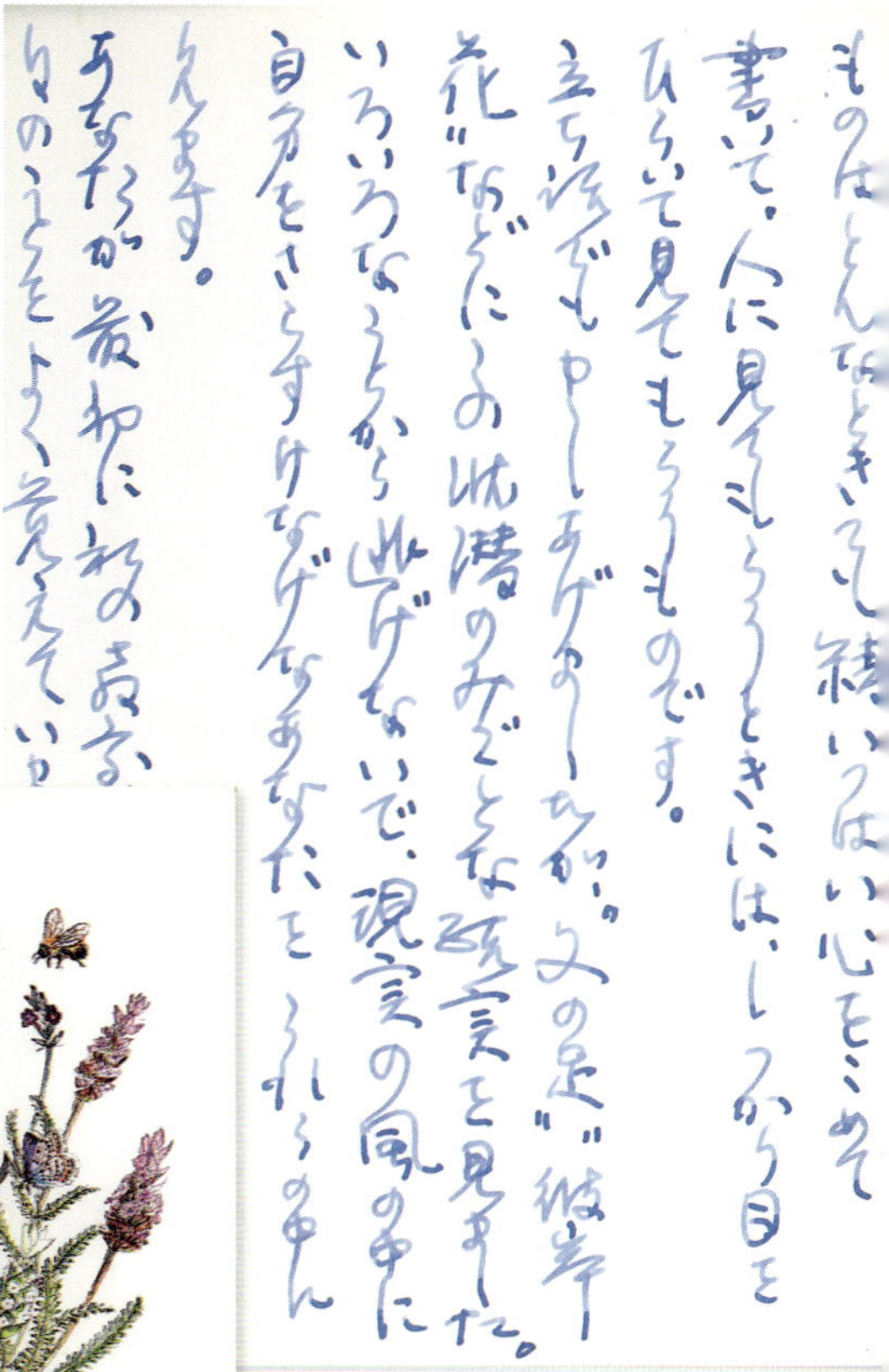
ものはどんなときでも精いっぱい心をこめて
書いて、人に見てもらうときには、しっかり目を
ひらいて見てもらうものです。
立ち話でも申しあげましたが、"文の足"彼岸
花"などにその才能のみごとな結実を見ました。
いろいろなところから逃げないで、現実の風の中に
自分をさらすけなげなあなたをうれしくおぼ
えます。
あなたが最初に私の
自分のことをよく覚えていか

カードは、英ジャージーにある、ラベンダーファームのもの。

好きこそものの上手なれ

私が持つ、万葉集、枕草子、百人一首などの古典の教室のすべてに、なんと三十四年もずっと通い続けている松崎冴子《まつざきさえこ》さんが、ある日の講義のあとに、ふとくださったお手紙を、紹介しよう。

〝思えば「旅」に先生がお書きになった……〟という箇所には、すこし説明が要《い》る。

私が日本交通公社発行の雑誌『旅』に「馬酔木《あしび》への思い」というエッセイを書いたのは、昭和四十九年二月号である。奈良女子高等師範学校（現・奈良女子大学）在学時代の恩師・木枝増一《きえだますいち》先生への敬慕と国文学への傾倒を馬酔木への思いにからめて語った文章だった。

その頃、私は市川市のわが家で、十人足らずの同好の人たちと、万葉集を読んでいて、そのことを、『旅』にも書いた。

それを読んで、松崎さんは、その胸を震わせただけでなく、すぐに手紙を書き、入会を希望する、という行動に出たのである。

彼女が、わが家をはじめて訪ねてきたときの様子を、私は一枚の絵のように覚えている。

ピンク地にやさしい彩りの小花を散らしたワンピース姿。手には深緑の包み紙のケーキの小箱を持って……。若く美しい二十代の彼女は、会の人たちから、若い人、若い人と呼ばれてかわいがられた。

わが家の会は、その後場所も変わり、教室も増え、新しく枕草子の教室も加わったりして、ふくらんでいったのだが、松崎さんはそれらのすべてに出席し続けて、今日に至っている。結婚して札幌に住まれたしばらくの間は、不可抗力の欠席だが、帰京後は、赤ちゃんをお母様にあずけての出席。三十四年の間に、欠席したのはたった一度だけというみごとさである。その欠席はお父様のご葬儀の日であった。右脚を骨折して、松葉杖をついてあらわれた日もある。

先日、私はあらためて訊《き》いてみた。

「松﨑さん、あなたの、続いている理由はなんだと思う？」

「大きな病気もせず、平穏でいられたことがラッキーなのでしょうが……とにかく、教室が好きで、休みたいなんてゆめにも思わないで生きてきましたから」

と、彼女はいかにも自然な調子で答えた。ゆめにも、という言葉は、私を涙ぐませそうになった。

続けようという意志を持つなどと力まなくても、もはや古典を学ぶことを、生活の中に溶けこませている彼女なのである。

その研鑽《けんさん》の成果は著書としても実った。

松麻実というペンネームで出された『春の夜の夢』（求龍堂）は、彼女が学び続けた古典を磨き続けて感性で説き語った、ロマンティックなエッセイの本である。

これもぜひ、読者の方々にご紹介しておきたいことである。
P．S．〝羊羹《ようかん》を切ったように〟とは、夢も何も見ず、濃くピュアなわが眠りを、私がいつもそう形容して、みんなを笑わせているからである。

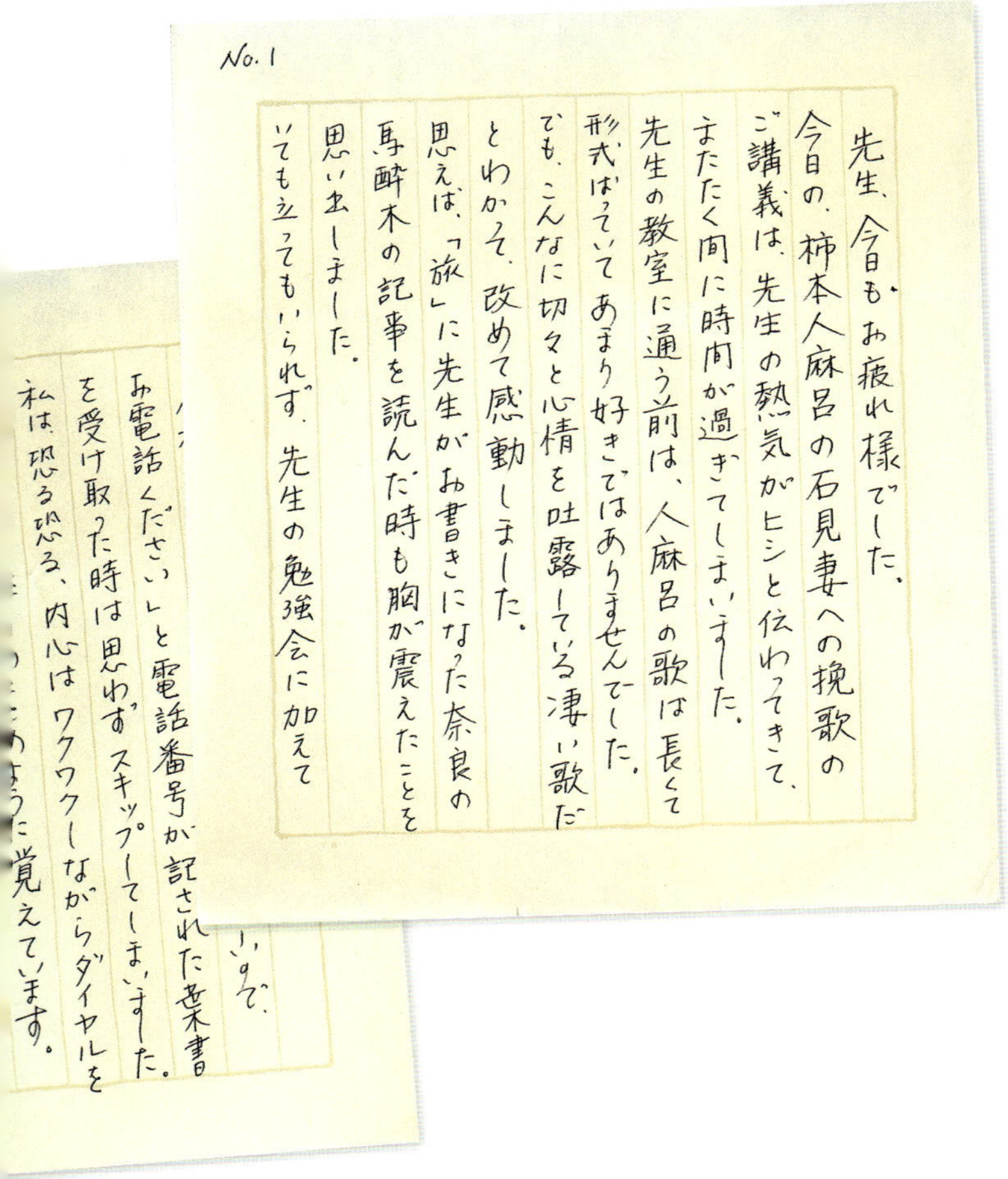

No.1

先生、今日もお疲れ様でした。
今日の、柿本人麻呂の石見妻への挽歌の
ご講義は、先生の熱気がヒシと伝わってきて、
またたく間に時間が過ぎてしまいました。
先生の教室に通う前は、人麻呂の歌は長くて
形式ばっていてあまり好きではありませんでした。
でも、こんなに切々と心情を吐露している凄い歌だ
とわかって、改めて感動しました。
思えば、「旅」に先生がお書きになった奈良の
馬酔木の記事を読んだ時も胸が震えたことを
思い出しました。
いても立ってもいられず、先生の勉強会に加えて

いので、
お電話ください」と電話番号が記された葉書
を受け取った時は思わずスキップしてしまいました。
私は、恐る恐る、内心はワクワクしながらダイヤルを
ように覚えています。

松﨑冴子さんからの手紙（2008年8月19日）

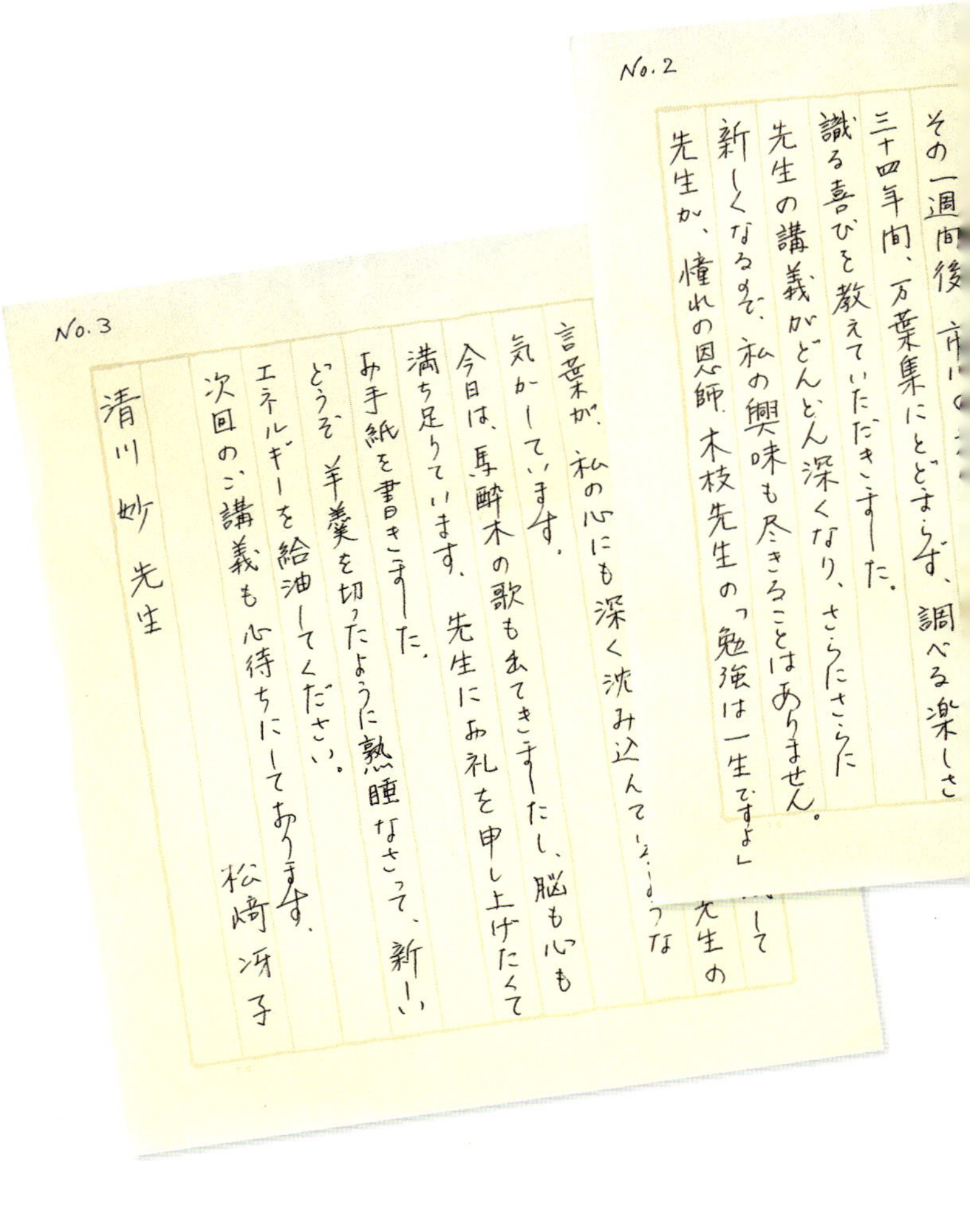

No.2

その一週間後
三十四年間、万葉集にとどまらず、調べる楽しさ
識る喜びを教えていただきました。
先生の講義がどんどん深くなり、さらにさらに
新しくなるので、私の興味も尽きることはありません。
先生が、憧れの恩師 木枝先生の「勉強は一生ですよ」
…して
先生の

No.3

言葉が、私の心にも深く沈み込んでいくような
気がしています。
今日は、馬酔木の歌もでてきましたし、脳も心も
満ち足りています。先生にお礼を申し上げたくて
お手紙を書きました。
どうぞ羊羹を切ったように熟睡なさって、新しい
エネルギーを給油してください。
次回のご講義も心待ちにしております。
松崎冴子
清川妙先生

手紙美人はほめ上手

二〇〇九年一月十九日から四夜連続で、NHKの「ラジオ深夜便」に出演して『枕草子にみる暮らしの知恵』というお話をした。防音ガラスの部屋の中のひとり語りは快い緊張を味わわせた。

感想が聞きたかった。そして、しあわせなことに、教室の生徒さんたちから、たくさんの手紙を受け取った。

〝ときめきの夜でした。こんなにドキドキしたのは何十年ぶりでしょう〟

〝また当分私の心はゆたかです〟

〝録音もしましたので、何度も何度も聞いていています〟

〝夜もいいのよ。雨もいいのよ。この所で泣きそうになりました〟

など、など。みんな親身。心がこもったいい手紙。揃って手紙美人。

この章で登場していただいたのは、これらの手紙美人たちのひとり、岩崎《いわさき》克子《かつこ》さんである。

岩崎さんはそのお手紙にもある通り、私の枕草子教室のはじまった日からの――じつに三十年以上にわたる生徒である。だからこそ、私が絶えず言い続けている枕草子スピリットはみごとにこの手紙の中に具現されている。

まず、何よりも素直な気持ちで人をほめること。祝福すること。

〝「先生のお声、若い」と夫が申しておりました〟〝友人よりも「とてもすばらしい内容」と電話がありました〟など、ご主人や友達まで動員してのほめ言葉。そして、ご自分は、〝私は緊張で、やや、こわばった顔でうなずきながら、うれしさで胸が熱くなりました〟

とは、まるで自分自身がラジオ出演しているような身内感覚で、これほど深い祝福があろうかと、私もまた胸が熱くなった。

〝先生は上等な薄手ウールのグレイ地に淡紅の模様のワンピースをお召しで……〟

相手を心の視力を強めてじっと見つめ、映像化して覚えておくこと。これは清少納言の技法のひとつ。岩崎さんはその体得を立証してみせてくださっている。

〝向日性〟〝励ましの呪文〟〝意志的に賢く〟〝五感を働かせ〟など、私が、それこそ呪文のように繰り返している枕草子のキーワードを、岩崎さんもまた心に問いかけ、確認していらっしゃる。そして、いまや彼女の心もいつか枕草子色に染まっているのがほほ笑ましい。

写真ではわかりにくいが、便箋にも封筒にも雪と薄紅梅。〝すこし春ある〟枕草子の風景である。ある日、教室を出たとき、すこし腰が痛むという岩崎さんと私は、自然に腕を組む形となった。その瞬間を撮られたのは、これも長い生徒歴を持つ橋本敬子《はしもとけいこ》さんである。写真を送ってきたときの添え手紙は

――〝この写真、とてもいい雰囲気が出ているとお思いになりません？　あたたかい心の交流が周りの空気を明るくして、弾けているように思われます。三枚焼いて、そっと私の宝物の中にもいれました〟

私の教室の人たちはみんな手紙美人。そのことを繰り返して言いたい。

岩﨑克子さんからの手紙（2009年1月31日）

二〇〇九年一月十九日(月)ラジオ深夜便、十一時四十分 ナイトエッセイ にて
清川先生の「枕草子に見る暮らしの知恵」を夫と共に拝聴させて頂きました。
「先生のお声、若い。」と夫が申しておりました。
先生の静かで甘やかなお声が電波に乗って清少納言の魅力的な
四つの特長が語られました。「そうですね。〱」と私は緊張で
やや、こわばった顔でうなずきながらうれしさで胸が熱くなりました。
先生は「四十代に文筆活動を始められ、五十代の頃、カルチャーセンターより
古典の講義の依頼があり、以来「枕草子」を三十年近く続け、
今も続けて受講している人もいます。」とお話されました。
一九八〇年四月五日(金) 主婦の友文化センター「枕草子」講座、第一回の教室にて

一、

清川先生に初めてお会いいたしました。
先生は上等な薄手ウールのグレイ地に淡紅の模様のワンピースを
なんと澄んだお声！ なんとにこやかでおやさしい表情！ 私の第一印
当日のお教室の映像が今も鮮明に 岩崎アーカイブスに永久保存さ
以来、私自身の不具合も起こり お休みした時期もございましたが、今
先生の古典のお教室に通わせて頂いているご縁を本当にうれしくありが
ラジオから流れるお話をメモを取りながら拝聴いたしまし
"向日性"の清女がますます大好きになりました。
殊に好きなところは「萩の葉枝」のお話。先生は萩の葉枝は、
思えるとおっしゃいました。私には、更に清川先生ご自身と

二、

橋本敬子さんから届いた、岩崎さんと著者のツーショット。手作りのカードにはさまれてあった。

ロッツ・オブ・ラブ

54、55ページの写真は、イギリス、コッツウォルズのボートン・オン・ザ・ウォーターにあるB&B《ビーアンドビー》（ベッド・アンド・ブレックファスト、日本の民宿にあたる）「ルーフ・ツリーズ」の奥さん、シルビアの手紙である。

私が「棟木屋《むなぎ》」と自分だけの愛称で呼んでいるこの宿に、最初に泊まったのは、二〇〇三年、この地に住む友人、キャスリンの結婚式に出席したときである。

シルビアは極めつきの手先の器用な人。「ルーフ・ツリーズ」は全館、彼女の作品展示室といってもいいほどだ。カーテン、ベッドカバー、テーブルがけ、クッション、人形、テディベアなど、なんでもござれ。もちろん、料理も庭造りも名人芸。美しい庭は何度も賞を取っている。

宿泊の愉しさはあとを曳《ひ》き、二年おいて、二〇〇五年にも泊まりに行った。そして、翌二〇〇六年に出した『八十四歳。英語、イギリス、ひとり旅』（小学館）にも、写真入りでこの宿を紹介した。その本を受け取ったお礼状が、この手紙で、二〇〇六年の七月七日に投函されている。

手紙もまたシルビアの手芸のような凝ったものだ。淡いレモン色の厚紙を二つ折りにしたカード。その表紙には苺《いちご》を山盛りにした竹籠の絵が貼られ、籠の柄にはＴｈａｎｋ ｙｏｕと書かれた荷札が結びつけられている。上部の空きには、Ｔ、Ａ、Ｅの三つの飾り文字が切り抜かれて貼られている。そして、絵の両側はまさに彼女の芸の見せどころ。赤い花と緑の葉の刺繍《ししゅう》糸の花紐が飾ってある。

カードを開けば、左側半分にはパンジーと手乗りの鳩。鳩はくちばしに愛の手紙をくわえ、下の文字はラヴィング・メッセージ。鳩に託した愛の手紙という意味か。下半分にこんな言葉。

〝妙へ。私たちに本を送ってくださってありがとう。あなたの愛する友。シヨーンとシルビア〟

さて、カードの右側は、ご夫婦自慢の「花咲く民宿、ルーフ・ツリーズ」の全景カラー写真。

このカードの間には、さらに四つ折りの白い紙がはさまれていた。その文面を、私流に訳してみよう。

〝ご本をお送りくださって、ほんとうにありがとうございます。私たちのことを書いていただいて誇らしい気持ちです。すぐにお礼状を書かなければならないのに、今日やっとこの手紙を書くことができました。（中略）じつは父が病気になり、私は去年の暮れから今年の二月まで父の家に行っていました。父は二月なかばに亡くなりましたが、その後始末も大変でした。まだ父のことをあきらめきれない日々ですが、わが家の庭の花たちに水をやりながら、私も元気で生きようと思っています。あなたの健康を祈り、すばらしいお仕事を祝福いたします。たくさんの愛《ロッツ・オブ・ラブ》をこめて〟

働き者で人情のあついシルビアから、私もなんとたくさんの愛をもらったことだろう。イギリスの民宿の奥さんは、自分の庭の花たちにたっぷり水を注ぐように、たった二回泊まっただけの異国の私にも、むせぶような親愛の情をくださった。

シルビアは少女の心で、手芸のようなきれいな手紙をくれた。愛いっぱいの似た者夫婦、ショーンとシルビアの「ルーフ・ツリーズ」にまた泊まりに行きたい、と切に願っている。

シルビアからのカード（2006年7月7日）

カードを折りたたむと、刺繍糸の飾りが愛らしい。

カードを開いた右側には「花の咲く民宿、ルーフ・ツリーズ」のカラー全景。「棟木屋」の愛称で呼んでいる。

Ⅱ 心をつなぐ

励まし合いの心の緒《いと》

どういうご縁なの、と不思議がられそうだが、私は「いわて女性歯科医師の会」の皆さんと仲良しである。そして、会長の長野《ながの》えり子《こ》さんをはじめ、その世話人の方たちと、私は手紙友達なのである。

きっかけは、今から四年ほど前の、二〇〇八年十月に、この会が設立されたとき、その総会で記念講演をしたこと。会員の中に私の本を愛読してくださっている方がいて、その広がりで私が招かれたと聞いている。

盛岡は私にとってはじめての街であったし、女性歯科医師というお仕事にも、あまり知識はなかった。だが、会長の長野さんをはじめ、皆さん、大変いきいきとして明るい、チャーミングな方揃いで、講演前夜、数人の世話人の方たちと会食したときからすでに、心触れあう感じが持てた。

当日の演題は「愉しみながら　すこしずつ　今日から自分磨き」という、その頃出した私の著書から採ったものだった。〝仕事を持ち続け、技術を磨き続け、人を愛し続ける〟という点で、この会の皆さんの心と、もの書きの私の心はピタリと重なる。話をしながらも、皆さんの敏感な反応を、私はひしひしと感じた。

おたがいに女性らしい共感もあった。愉しい思い出がある。

講演の前に、私は市外まで車を走らせて、盛岡の個性的な特産であるホーム・スパンの工場を訪れた。ホーム・スパンとは、経《たて》と緯《よこ》に太い手紡ぎの毛糸を用いた手織りの毛織物である。記念の品をひとつ買いたいと、展示場にズラリと並ぶマフラーを物色したとき、大変気に入ったものがあった。淡青と薔薇色の格子縞である。買おうかと思ったが、この工場が出している盛岡市内の店があると聞き、そこにも行ってみて、一番好きなものを買おうと気が変わった。だが、時間の都合でその日は市内の店には行けず、工場で見たそのマフラーに心が残っていた。

翌日、講演会が終わったとき、お世話の方が壇の横に上ってきて、「記念品として、ホーム・スパンのマフラーを贈呈いたします」と言って、リボンつきの箱を渡してくださったのにはびっくり。「では、この場で開いて、見せていただきます」と言って、箱を開くと、昨日、心を残して立ち去ったあのマフラーが出てきたのには、二度びっくり。お世話人の方は、まるで催眠術師のように、私の好みをぴったりあてられたのだった。

ふつうは講演に行っても、そのあと、先方の礼状とこちらの礼状で、一応儀礼的に終わるものだが、盛岡の場合は、それからもおつきあいが続いた。

それは会長の長野えり子さんの大変フレンドリーなお人柄とその魅力的な

手紙に負うところが多い。折々にくださる季節便り、または外国からの旅便り。写真や、ときにはおいしい林檎ジュースなども添えられてくる折ふしのお手紙。いつしか盛岡はなつかしい土地になっていた。

そして、チャンスの神様は、私に二度目の盛岡訪問も恵んでくださった。最初の訪問から二年ほど経った頃、私は神戸にある大手通販会社のフェリシモの「しあわせの学校」で講演をした。このフェリシモとは、いまから二十六年前にはじめて出した手紙の本『すてきな手紙』(主婦と生活社)がきっかけで講演に行って以来のおつきあい。「しあわせの学校」の東《ひがし》めぐみさんとも、以来ずっと深い友情につながれている手紙友達である。

その日、講演がすんだあと、帰りのタクシーの中で、東さんから「地方の都市の中で、ことにお好きな街がありますか」と訊かれたとき、私はすぐに「盛岡ですよ」と答えたのだった。なんたる偶然。東さんはちょうどその頃、盛岡での「しあわせの学校講演会」を考えていらした。そこで、彼女は、その講師として、私を選んでくださった。短い年月の間に私は二度も盛岡を訪問し、講演した。フェリシモのその講演会に、いわて女性歯科医師の会の皆さんが熱い協力を寄せてくださったことは、もちろんである。人との縁も、土地との縁も、その縁を、人が心して、ていねいに育てなければ、深くはならない。

そこで、私と、その盛岡の手紙の友長野えり子さんとの東日本大震災後一年近く経った頃の往復書簡を紹介したい。

まず、私から長野さんへの便り。

〝大変寒い日が続きますが、盛岡は雪でしょうか。雪なんかふっとばしてお元気でしょうね。先日のお電話のお声の明るさ！　ああ、声が明るいってすてきだな、と、改めて思いました。声ってやっぱりその人を如実に語りますよね。

先日、といえば『はにいちゃん通信』ありがとうございました。いわて女性歯科医師の会だより、とサブタイトルがついていましたけれど、困難な集中の要《い》るお仕事もシカメっ面せずに、はにいちゃんとしゃれていなして愉しんでお仕事なさっているんですね。

　私などもひとつの古典を書くにあたり、たくさんの参考書を読み、自分の個性ある切り口を見つけ、書いては消し、消しては書きの後にやっと清書という、きわめて集中の要る仕事をしています。でも「妙ちゃんえらいね」と自分をほめつつ、愉しく仕事しています。はにいちゃん感覚と似ていますね。

　でも、その『はにいちゃん通信』の中にあった、釜石歯科医師会の山崎先生のご報告によれば、被害地は想像を超えた大変さだったのですよね。義歯が流された、痛い、はれた、と、待合室は立って待つ人がいっぱいだったというお話は、そうだったろうなあ、大変だったのだと身につまされました。家を失って元気のないスタッフに「でも、仕事があるよ。仕事が残ったよ」と励まされたお話には強い共感を覚えました。そして、仮設診療所の建設にこぎつけられ、「速くはないスピードですが、確実に前に向かっています」というその言葉に胸熱く感動しました。

思えば、二〇〇八年の十月五日「いわて女性歯科医師の会」の創立記念として講演にお招きただき、皆様と心あたたかく触れあいました。

繰り返し、同じことを言うようですが、歯科医師のお仕事と、文章を書く私の仕事とは似ていないように見えますが、じつは、特殊技能を持ち、困難にも立ち向かい、仕上がりのよさに自分をほめるということは、みごとに共通しているのです。

そして、皆様それぞれに自信を持たれ、輝いていらして、また、自分を励まし、自分の困難なわざの達成に自分をほめ、ほうびとしておしゃれをしたり、旅をしたりということ、私と似ていることを発見し、共感いたしました。

えり子さんのまわりで、被災から力強く立ち上がっている方——たとえ、ご自分が被災者でなくても、スタッフが被災している方（あなたの医院もそうでしたね）があれば、具体的にそのご様子、そして、立ち上がっていらっしゃるご様子なども、お聞かせくださいませ。

講演にうかがったときの皆様の力強く自信に充ちたご様子、そして、かわいい心の多いことにも微笑み、感動、共感いたしました。

三年前にうかがったときにいただいた、ホーム・スパンのマフラーはいまも愛用しています。

覚えていらっしゃるかしら。淡青と薔薇色の格子です。首に巻くたびに、あたたかく――皆様のあたたかい心を思い出します。

今日、三月三日の朝日新聞夕刊の（ニッポン、人・脈・記）欄に「みちのくあかね会」のことが出ていて、吉田ハナさん（88歳）のお写真と記事が載っていましたね。またホーム・スパンを買いに行きたいとも夢みています。

二月と三月に新刊が出ます。お送りいたします。また、皆様におひろめくだされば、うれしゅうございます。

いわて女性歯科医師の会の皆様にどうぞよろしくお伝えくださいませ〃

しばらくして、長野えり子さんからのお返事が届いた。心に沁《し》みるお手紙だった。

やや大きめの明確な字。和紙に漆黒のペン字があざやかだ。闊達なお人柄がそのままあらわれた字と文である。

その全文をご紹介してみよう。

〃立春とは名ばかりで、こちら盛岡は、まだ厳しい寒さが続いております。先生には相変わらずご多忙な毎日をお過ごしのことと思います。

お忙しさの中、先日はごていねいなお手紙をありがとうございました。おやさしい言葉の数々に胸がいっぱいになり、いただいたお手紙を何度も読み返しました。

思いおこせば、私ども〃いわて女性歯科医師の会〃設立記念講演会で、先生にご講演いただいてから、もう三年になりますね。

岩手県歯科医師会の組織の中に増大する女性歯科医師を支援する会の設立が決定し、「みなさんの心に残る講演会を」と、私たち世話人は四苦八苦。清川先生のような大先生がお住まいの市川からはるか遠くの盛岡まで出向いてくださるだろうかと悩んでおりましたが、先生のご著書にあるように、諦めなければ夢は実現するものですね。

二〇〇八年十月五日「愉しみながら　すこしずつ　今日から自分磨き」と題して、たった一回の人生を若々しく輝いて生きるヒントを、その若々しい語り口で、先生はお話ししてくださいました。

その後お帰りまでの僅かな時間に、盛岡の街をご案内したときの愉しかったこと。ホーム・スパンのお店で、私たちが先生の帽子を被りあって、誰が一番似合うって大騒ぎしたことを、先生は覚えていらっしゃるかしら。

とてもおしゃれで、はじめてお会いしたのに、ずっと昔からの知り合いだったように接していただき、私たちは一瞬で先生の大ファンになってしまいました。記念品のマフラーも愛用していただいているとのこと、ほんとうに光栄に存じます。

先生のご活躍の様子を、いわて女性歯科医師の会の交流紙『はにいちゃん通信』の清川先生コーナーで紹介しながら、次々に新刊を出されるパワーに驚嘆し、ずっとずっと応援させていただきました。

もう一度お目にかかりたいとの願いが叶い、一昨年は再度、盛岡の地で「フェリシモしあわせの学校」、岩手分校開校記念講演会が実現しました。「万葉恋歌――万葉人に学ぶいつの日も恋するしあわせ」と題したお話は、私たちにとって、これ以上ない至福のひと時となりました。

そんな中、私たち岩手に住む者にとって忘れられない未曾有の大災害が起こってしまいました。

平成二十三年三月十一日、午後二時四十六分。これまで経験した事の無い大きな揺れに、診察中の私は、自分の身体を支え、患者さんを励ましながら、とにかく安全に帰っていただく事で精いっぱいでした。

その後に続く停電と断水。大津波という自然の猛威の前に、人間の力も文明の利器も無力な事をまざまざと見せつけられました。

想像を絶する被害に涙する毎日でしたが、優しい思いやりと温かい絆に胸がいっぱいにもなりました。

沿岸出身の方が多い私のクリニックでは、多くのスタッフのご実家が被災されました。お一人は震災後全く連絡が取れなくなった沿岸に住むお母さんを探しに出かけました。あの頃全く手に入らなかったガソリンをかき集め、震災で通れなくなった道なき道を帰り着き、津波と火事で跡形も無くなった自宅の前で呆然としたそうです。その後避難所にいらしたお母さんにやっとのことで再会し、盛岡に戻ってこられました。あれからもう十一ヵ月、お母さんは娘さんと盛岡の地で平穏な毎日を過ごしておられます。

震災後暫くすると、内陸である盛岡の避難所には、着の身着のままで沿岸から避難された皆さんが続々と来院されました。

津波で義歯が流されたり、ストレスの多い避難所で歯ぐきが腫れた方々の治療が中心でしたが、皆さんとっても明るく前向きでした。

「津波はみんな持っていってしまったけど、早く帰りたい！　三陸の海がやっぱり大好きだから」

そう口々に話されて、治療が終了すると、新たに完成した仮設住宅へと帰って行かれました。治療の最後の日に記念にいただいたたくさんの手作りの布巾の数々は、いまは私の大切な宝物です。

鎮魂の三月を目前にして、考えること、考えなければならないことが、いっぱいあります。こうして、先生との大きな絆を感じながら、自分に与えられた歯科医師という仕事を一生懸命に続けていきたいと思っております。

先生、時節柄、くれぐれもご自愛ください。私たち北国に住む者にとっては、厳しい寒さのあとの暖かい春が待ち遠しいかぎりです。

春には、すべての生命が、このときを待っていたかのように、いきいきと蘇ります。北国は一年の中で一番美しい芽吹きの季節を迎えます。

先生、今年もぜひ、復興の足音がすこしずつ聞こえはじめた岩手にいらしてください。

三度目のご来訪をお待ちしております〟

お手紙を読みながら、私は、もう一度盛岡を訪れたいと、考えはじめていた。

同じく、いきいきと働く者同士として、励まし合いの心の緒《いと》を、もう一度結び直してきたいと思うのであった。

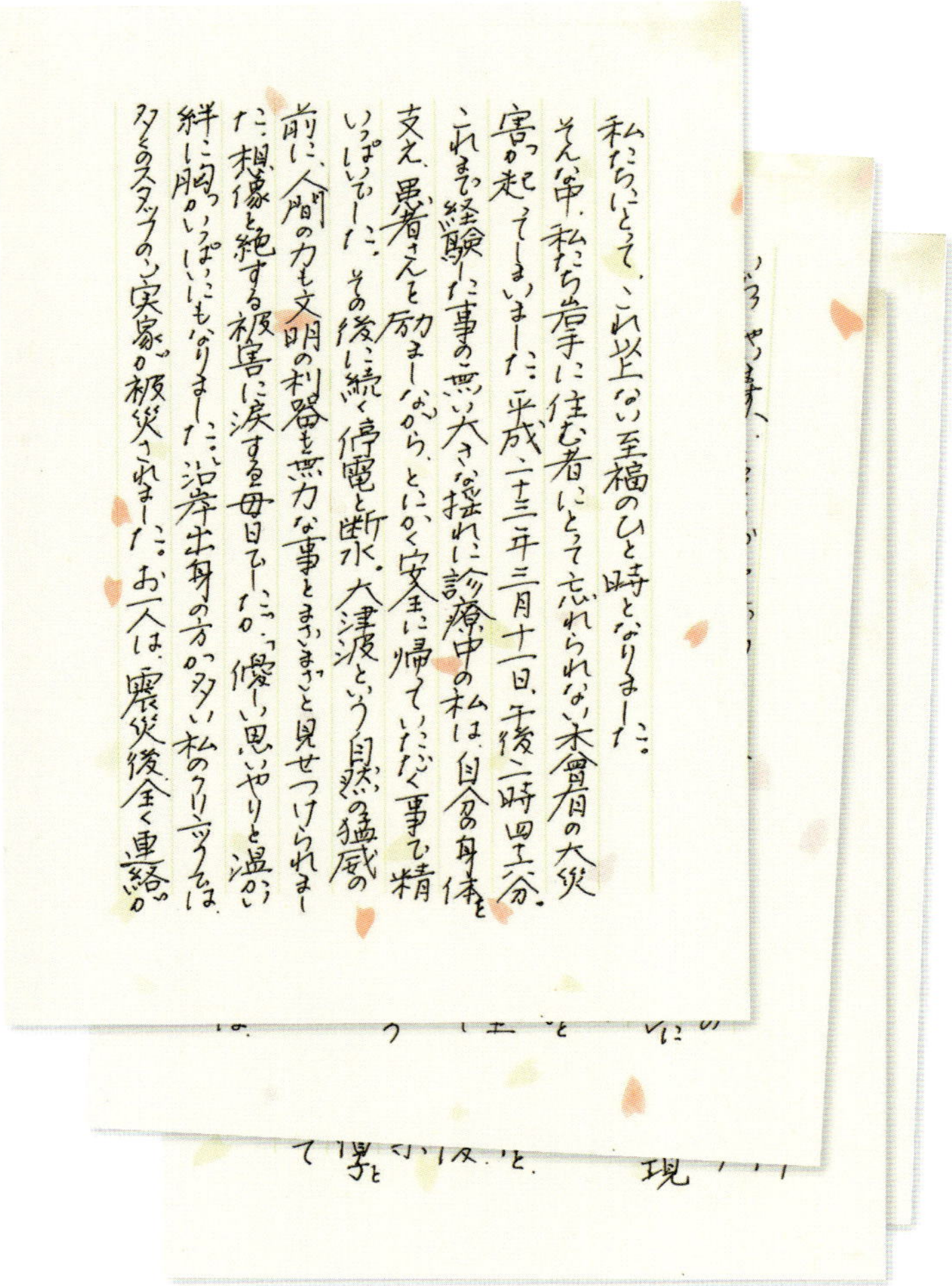
私たちにとって、これ以上ない至福のひと時となりました。
そんな中、私たち岩手に住む者にとって忘れられない未曾有の大災害が起こってしまいました。平成二十三年三月十一日、午後二時四十六分、これまで経験した事の無い大きな揺れに診療中の私は、自分の身体を支え、患者さんを励ましながら、とにかく安全に帰っていただく事で精いっぱいでした。その後に続く停電と断水。大津波という自然の猛威の前に、人間の力も文明の利器も無力な事をまざまざと見せつけられました。想像を絶する被害に涙する毎日でしたが、優しい思いやりと温かい絆に胸がいっぱいにもなりました。ここ沿岸出身の方が多い私のクリニックでは、多くのスタッフのご実家が被災されました。お一人は、震災後全く連絡が

長野えり子さんからの手紙（2012年2月22日）

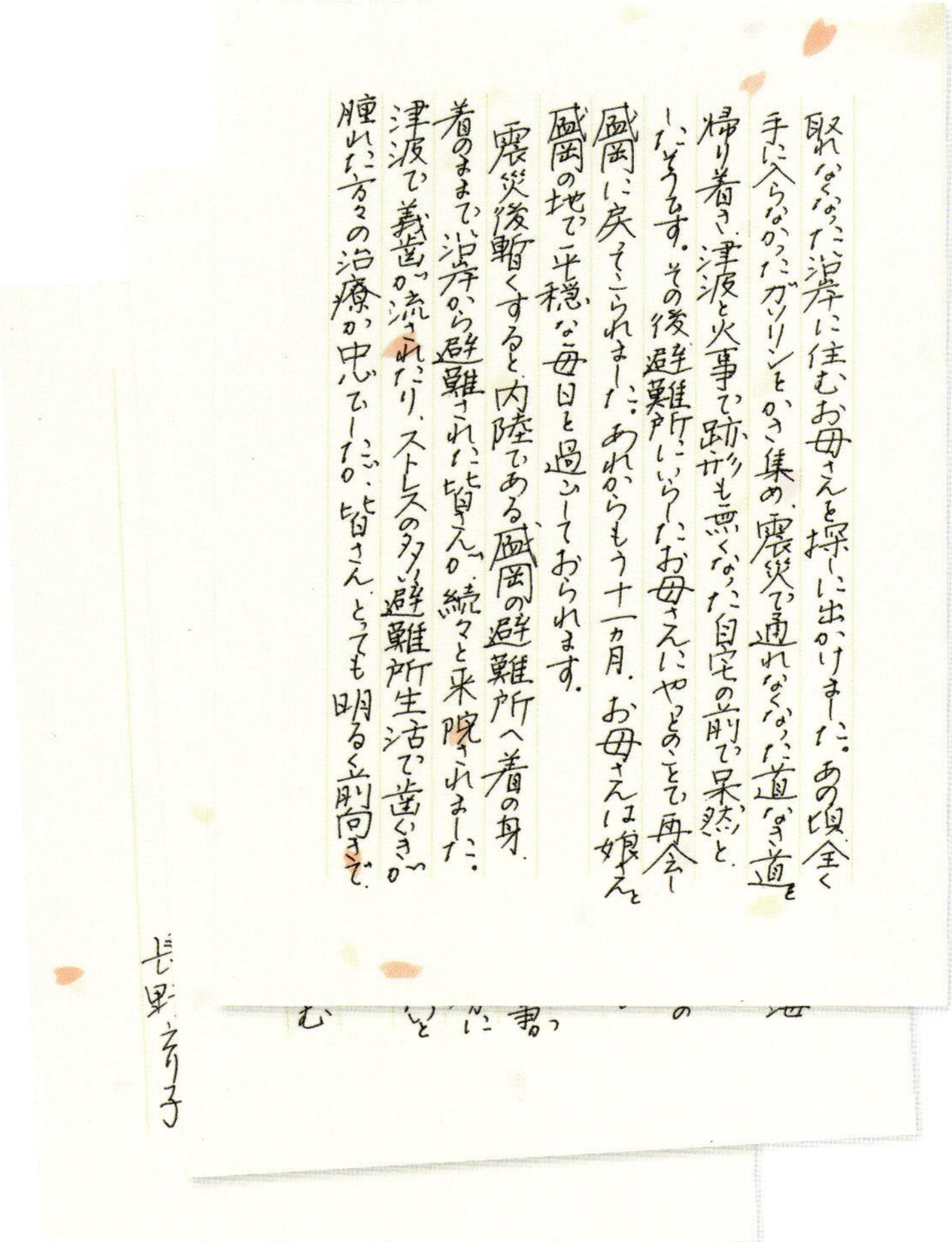
取れなくなった沿岸に住むお母さんを探しに出かけました。あの頃、全く手に入らなかったガソリンをかき集め、震災で通れなくなった道なき道を帰り着き、津波と火事で跡形も無くなった自宅の前で呆然としたそうです。その後、避難所にいらしたお母さんにやっとのことで再会し盛岡に戻ってこられました。あれからもう十一ヵ月、お母さんは娘さんと盛岡の地で平穏な毎日を過ごしておられます。

震災後暫くすると、内陸である盛岡の避難所へ着の身着のままで沿岸から避難された皆さんが続々と来院されました。津波で義歯が流されたり、ストレスの多い避難所生活で歯ぐきが腫れた方々の治療が中心でしたが、皆さん、とっても明るく前向きで、

長野えり子

うれしきこと二つ

78ページの写真の手作り花カード五枚続きの手紙は、四年前の一月十四日に、万葉集の教室の生徒、長友《ながとも》佳代子《かよこ》さんが私にくださったものである。五枚のうち、一枚目と二枚目の文面だけを写真と活字で紹介し、三〜五枚目は裏面の花写真をお見せした。大体の話の流れはわかっていただけると思うが、まず、背景のエピソードをお話ししよう。

私は二〇〇八年一月末に新しいエッセイ集『今日から自分磨き―楽しみながら、すこしずつ』（清流出版）を出したが、発行に先立つ一月十日に新聞掲載のための著者インタビューを受けた。

女性ライターは初対面だったが、私の本をじつによく読みこんでいて、別れ際にも「傘を持ったおばあさんの話は印象的でした」と言われたのには、古い本なのにとうれしかった。

翌十一日、私は山の上ホテルの万葉集の教室に出て、昨日のライターの方をほめて、「傘を持ったおばあさん」についても話した。

かいつまんで話すと、伏線や種明かしのおもしろさがふっ飛ぶのだが——江戸川べりの朝の散歩でいつも行き合うおばあさんが、かならずエプロン掛けで、傘と手提げ袋を持っている姿に、私は思いこんだ。彼女は川土手にある娘さんの家に手伝いに通っていると。傘は雨の用心、手提げの中味は孫への土産と。

だが、長い月日の後、彼女に訊いて私は知る。傘はなんと森のカラスの群れを撃退するため。手提げの中味は彼女が土手にすわって食べる飴だと。

「思いこみと現実の落差のおかしさね。どの本に書いたのかしら。どなたか探してみて」

軽く言った私の言葉に、長友さんはすぐに反応し、苦労して、古い本のその章を発見し、三日後にこの手紙をくださったのである。

三枚目からの手紙はこう続く。

〝古い本から見直し、一冊、二冊、三冊目、しかも最後の方のページにやっと見つけました。『幸せな自分に出会うために』（海竜社）は一九九四年十月発行です。（十三年前のご本です！）

目次には「生きる日のつかのまに」とあり、その二つ目のお話がまさに「見かけと思いこみ」でした。きっとあると信じて、そのページにたどりつくまでは何かわくわく、ドキドキといった気持ちでした。（中略）この文章にある先生の言葉「私の勝手な思いこみはガラリとはずれた。そのはずれようの愉しさよ」また「人生ってふしぎな味がある。思いこみがはずれることもその味を多彩にする」——読み直して先生のゆたかなおおらかさを感じました。あっ、『枕草子』の「うれしきこと二つ」ですね。ご本を見つけ出したこと。久しぶりに古い本に会い、なつかしく読み直したこと、の二つです〟

手紙美人のセンスあふれるこまやかな手紙は私を感動させた。私もすぐに返事を出した。その葉書も紹介したので、私の喜びの細部までわかっていただけると思う。

またまた長友さんからお返事がきた。カラー紙に貼る花の写真は、古本屋さんにたびたび足を運び、古い雑誌から見つけるのだそうだ。切手やシールもこまめに見つけては、ストックブックにためているよし。

ていねいに生きる人の、ある日の心を閉じこめた彩り美しい手紙を、けっして忘れない。

長友佳代子さんからの手紙（2008年1月14日）

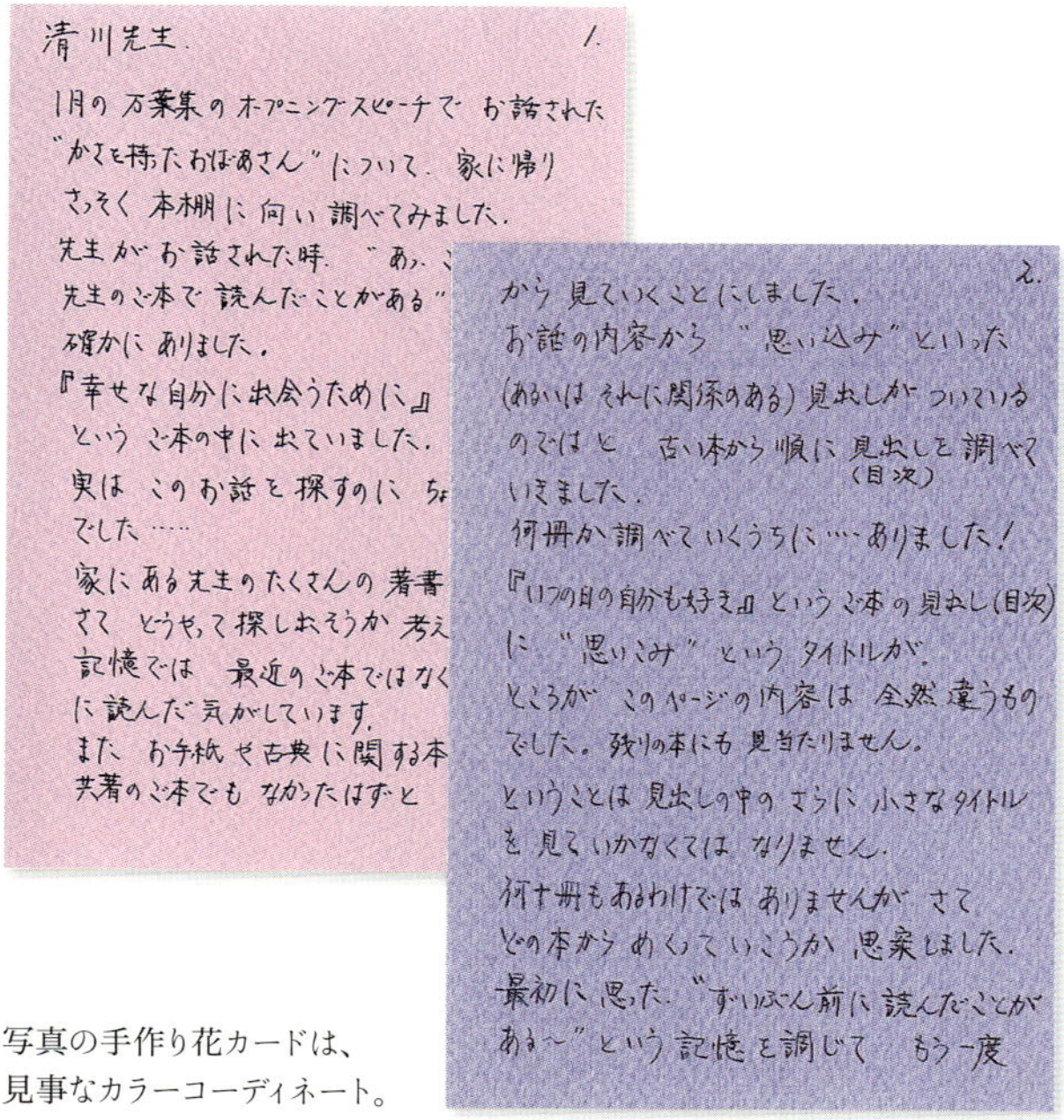

清川先生. 1.

1月の 万葉集の オープニングスピーチで お話された
"かさを持ったおばあさん" について. 家に帰り
さっそく 本棚に 向い 調べてみました.
先生が お話された時. "あっ, こ
先生のご本で 読んだことがある"
確かに ありました.
『幸せな自分に出会うために』
という ご本の中に 出ていました.
実は この お話を 探すのに ちょ
でした……
家に ある 先生の たくさんの 著書
さて どうやって 探しだそうか 考え
記憶では 最近の ご本では なく
に 読んだ 気がしています.
また お手紙 や 古典 に 関する本
共著の ご本でも なかったはずと

2.

から 見ていくことにしました.
お話の内容から "思い込み" といった
(あるいは それに関係のある) 見出しが ついている
のでは と 古い本から 順に 見出し(目次)を 調べて
いきました.
何冊か 調べていくうちに……ありました!
『いつの日の自分も好き』という ご本の 見出し(目次)
に "思いこみ" という タイトルが.
ところが この ページの 内容は 全然 違うもの
でした. 残りの本にも 見当たりません.
ということは 見出しの中の さらに 小さな タイトル
を 見ていかなくては なりません.
何十冊も あるわけでは ありませんが さて
どの本から めくっていこうか 思案しました.
最初に 思った "ずいぶん前に 読んだことが
ある～" という 記憶を 調じて もう一度

写真の手作り花カードは、
見事なカラーコーディネート。

お心こもるこまやかなお手紙いただきすこし
風邪ぎみで萎れていた心もぱっと晴れやかに
なりました　ありがとうございました
うれしきこと四つでした
・あなたがたくさんの私の本を
ズラリ揃えていらっしゃること
・時間をかけて問題の文章を探し出して
くださったこと（読んで感心もしてくださったこと
・私もわが文を読み直してなかなか
おもしろいではないかと自分ぼめができたこと
・いつもながらのみごとなお手紙美人!!
美しい花カードをいただいた喜び

著者からの返信（2008 年 1 月 15 日）。

二十八年ごしの〝はじめまして〟

白井恵子《しらいけいこ》さんからの最初のファンレターを、整理下手な私は惜しくも失くしてしまったが、84ページに紹介した二通目の絵葉書から見て、私たちの文通は一九八四年に始まったことがわかる。〝美しいお人形のお便り〟――私は人形を描いた絵葉書を返事に使ったのだろうか。記憶は模糊《もこ》としているが、白井さんの絵葉書は、すでにこのときから、次の三条件をくっきりと備えていた。

＊こまやかに味わう心

＊素直で具体的な喜びの表現
＊自然へのいとしみ

私の便りを〝さっそく壁に飾り〟、はじめて見る字を〝なでさすり〟、何度もお礼を言い、〝道ばたの色とりどりの野菊が気持ちよさそうに輝いています〟と、一枚の絵葉書の上には、喜びと感謝があふれている。

最初の年から数えて、なんと今日の日まで二十八年間、彼女は私に絵葉書便りをくださり続けている。白井さんからきた絵葉書の数を、私はあらためて数えてみた。なんと六十通あった。しかし、私には取り出したものを、もとの場所に戻さない悪癖があるので、実際には八十通くらいあるはずだ。

白井さんの手紙は、字もいつもきちんとして美しいが、年、月、日もけっして落とすことはない。だから、すべての絵葉書は、届いた順番にズラリと並べることができる。しかも、裏の写真や絵は季節感とセンスに充ちているので、並べて飾れば、わが部屋はたちまち愉しいギャラリーになる。

たくさんの絵葉書の中から、喜び上手、暮らし上手の心が光る表現を、ほんの一部分だけ抜き書きしてみよう。

〝大人のための美しい一冊の絵本のように思えました。そっと切り離して、千代紙とリボンでお化粧し直しました。〈雑誌の、私の巻末フロクに対して〉〟

〝発売日が今日からとても愉しみで、四月六日のところ、薄紫の色鉛筆で、スミレの花を描きこみました。〈雑誌の私のページを待って〉〟

〝御本を持って、夫と小さな旅をしました。強い雨の日で山の中の湖はひっそりしていましたが、水芭蕉、スミレ、かたかごがみずみずと咲いていて……〟

私もまた白井さんへのお便りは、いつも絵葉書を使った。この章に、私の絵葉書も載せたいと思い、彼女に「ことに好きなのを選んで送って」と頼んだ。送られてきた厳選五通の中から一通を選んで、84ページの左下に紹介してみた。

最初の手紙から二十四年目にして、私たちははじめて会った。講演の旅で盛岡のホテルに泊まった私を、仙台に住む白井さんが訪ねてくださったのだ。はじめて会った気はまったくしなかった。なぜなら、私たちは、こまやかな手紙でつながれていて、いつも会っていたからである。

白井さんは、社長秘書を経て、いまは人事部の社員教育をご担当とか。上質の手紙を書く方の上質のお仕事ぶりを私は確信する。

白井恵子さんからの２通目の絵葉書（1984年11月8日）

美しいお人形のお便り、うれしくてうれしくてさっそく壁に飾らせていただきました。はじめて拝見する先生の文字、思わずなでさすってしまいました。私の突然の手紙にもお心遣いいただきありがとうございます。ここしばらくとても寒かった仙台ですが、今日は小春日和の上天気です。道ばたの色とりどりの野菊が気持ちよさそうに輝いています。うきうきして帰ってまいりましたら、先生のお葉書、なんてすてきな１日なんでしょう。先日黄金山神社を訪ね、大伴家持の「すめろぎの御代栄えんと東なるみちのく山にくがね花さく」の歌を味わってまいりました。

著者が白井さんに送った、ベルギー、ブルージュの絵葉書。白井さんのお気に入りの１枚。「子どもの頃から夢に見ていた絵葉書そのものです」。

白井さんからの絵葉書コレクション。

花博士のＦＡＸレター

ある日の電話で、高木典子《たかぎのりこ》さんが言った。

「私、先生に送ったＦＡＸ、全部取っていますのよ」

「あら、すごいのね。どうして？」

「だって、一緒に本を作っていくプロセスが残らず見えるんですもの。いとしくって」

「ＦＡＸは自分なのよね……」

私はそれを送ってくださるように頼んだ。すぐに、ふくらんだ紙袋が届いた。

——私はあすなろ書房から、九年間に五冊の本を出しているが、そのすべてを編集したのが高木さんである。彼女は若き日その社に勤めていたが、いまもフリー編集者として、仕事を続けておられる。

一九九四年のある日、私は突然彼女からの手紙を受け取った。

〝『喜び上手の心ノート』（海竜社）を読んだ日から十年、ずっと愛読者です。先生の古典の教室で勉強したいと念願しています〟

次の教室から、高木さんは熱心な生徒になられた。三年が経った。彼女は編集者ということをはじめて明かし、自分の手で私の本を作りたいということを告げられた。聴く私の胸に熱いものがこみあげてきた。「心を合わせて、いい本を作りましょう」とその場で私は約束し、その言葉は以来長く二人の合い言葉となった。その日から三年経って、できあがったのが、『いつの日の自分も好き』（あすなろ書房）で、その後三冊。最近の本は『学んで楽しんで86歳、こころ若く生きる』（あすなろ書房）である。

FAXを読み返してみると、身に沁む言葉の数々に改めて出会い、私を涙ぐませた。

〝「桜に寄せて」は散り敷いた花びらの下に、不思議な淡桃色の細い絹糸が隠されていて、ひとつひくと、ピ、ピ、ピと全部つながっている、深いカタルシスを覚える名文でした〟

〝ふつうの人がアクションを起こすためには、起爆剤が必要ですね。ほんのちょっと何かがあれば、エイッと跳べますものね。それが先生のエッセイであったりします。新しい御本の中にも、たくさんのアクションの素を〟

なんという上手なほめ育てをしてくださっていることか。私の心は、名編集者の抜群のほめ育てによって、すくすく育っている気がする。このほめ育ては、執筆に対してだけでなく、講義、講演会にも——とにかく、私の仕事全般にわたって及んでいるのである。

いつも仕事をかかえ、走っているような私にとって、高木さんは得がたい伴走者。ゴールに入ったときは、フカフカのタオルでくるんでくださる。さて、もうひとつ、彼女のＦＡＸについて特筆すべきは、ほとんどの文章の前後に小さな花語りが添えられていることだ。

〝花畑の黒土の上に、ナガミノヒナゲシ、ナズナ、キュウリグサなどが小さなロゼットを並べて春の準備をしています〟

〝ヴィオラ、ゼラニウム、アマポーラ、狭いベランダの花たちも元気に自分の花を咲かせています。編集もあとひとがんばりです〟

高木さんは花博士。その人の仕事ＦＡＸは、花の香りもして、心やさしい。

高木典子さんが保管されている著者あてのFAX

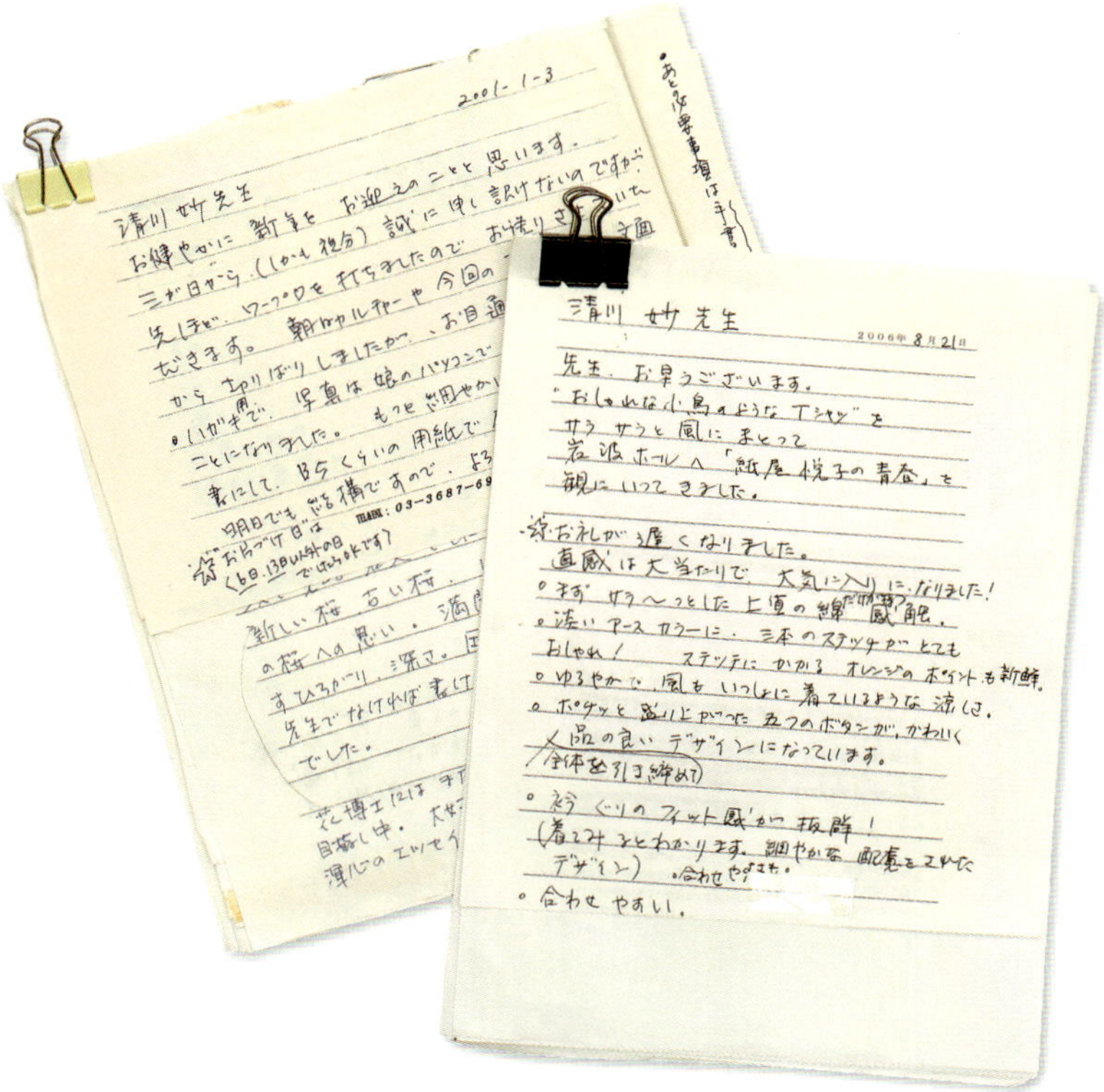

仕事だけでなく、その合間合間の文章にご自身の日々の暮らしがいきいきと書かれていて、読んでいると元気がもらえる。

2006年に贈られたバースデーカード

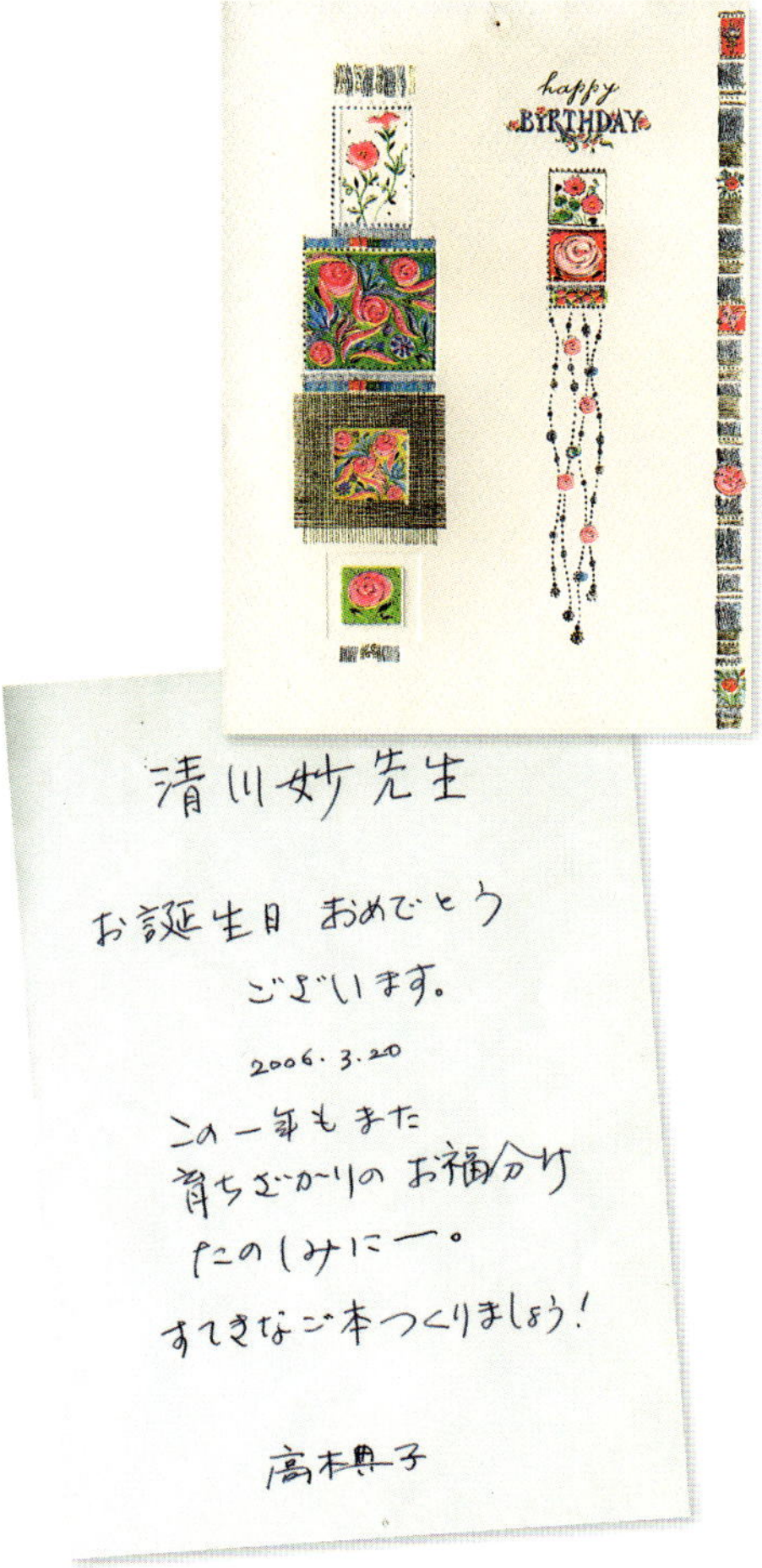

バラのうるわしいカードは、いまでも著者の書斎の壁に飾られている。

一葉の葉書に引き寄せられて

『はなまるげんき』の二〇〇七年九月号をお持ちの方は、「あの人の人生帖」に登場したいかにも愉しそうな私の笑顔を、もう一度見ていただきたい。あの笑顔は、フレンドリーそのものの雰囲気の中で、取材が行われたおかげで生まれたのだ。じつはその後も、もうひとつ。とびきりの愉しいことがあった。

それがこの手紙物語である。

取材が終わったとき、編集スタッフのKさんがおっしゃった。

「『はなまるげんき』の協力スタッフの一人が、お会いしたいと外で待っているんですが、よろしいですか？　中学生の頃、ファンレターを出して、お返事をもらったんですって」

ええ、どうぞ。すぐに四十代くらいの女性がにこやかに入っていらした。長身、清楚。手に持たれた葉書が小さく見えた。

葉書は、この方——大瀧《おおたき》千明《ちあき》さんが中二から中三になるときに、私からもらったものだという。薄茶色に古び、インクの字もところどころ滲《にじ》んでいる葉書。七円切手にかかる消印をよく見ると、昭和四十五年。なんと、三十八年前なのだ。

私は安心した。なぜなら、葉書は字も文もていねいに書かれていたからだ。字はいまよりもすこし大きめで、はつらつとした感じ。文章は、中学生の相手にも向かいあって、目をのぞきこむような親しさで書かれ、尊敬さえこめている。

手紙はどんなときにも心をこめて。それは、私が自分自身にいつも言い聞かせていることだ。遠い日のこの葉書にも、そのことが守られていることが、私を安心させたのだ。

葉書の中にある「冬野の虹」というのは、昭和四十五年の『女学生の友』一月号に別冊フロクとしてついた文庫型の本である。

主人公の美穂子は中三のとき、病気の高熱のため失聴した少女。ろう学校の油絵科に学び、日展に入選。卒業後は養護学校の教師になって情熱的な仕事をする。私はモデルの家に泊まりこみで取材し、気合いをたっぷり入れて書きあげた。

千明さんは、どんな手紙を書いたか忘れたというが、自分と同じ年で失聴した美穂子に深く感情移入してくださったにちがいない。

私は千明さんとゆっくり話した。彼女は私にファンレターを出した当時、すでに書道の稽古を積んでおられたというから、字も文も私の心に響く葉書だったはずだ。彼女は四十年以上の研鑽の末、いまは書家として立たれている。『はなまるげんき』の脳トレブック・よみかき編で、なぞり書きのための流麗なお手本を書いていらっしゃったのがこの方だ。

千明さんも私も、葉書のやりとり以後も、それぞれの道をコツコツと歩み続け、一葉の葉書に結ばれ、時を隔ててめぐり逢った。

手紙は心を贈るもの。その心は、相手の中に長く留まり、強い支えとなることもある。

二人は握手して別れた。またいつか、文章と書で、一緒に仕事ができることを願って。

大瀧（旧姓吉沢）千明さんへの葉書（昭和45年4月9日）

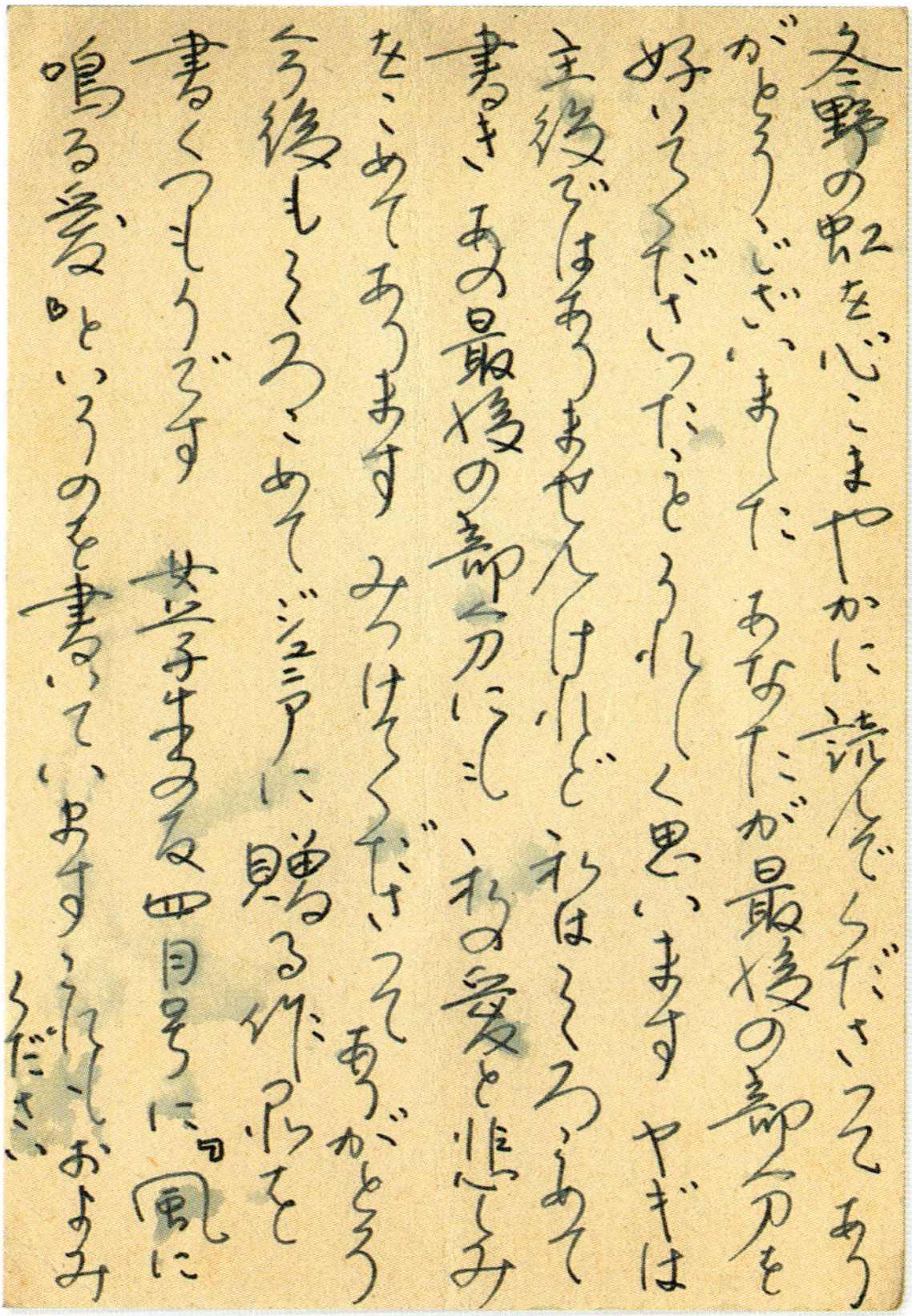
冬野の虹を心こまやかに読んでくださってありがとうございました　あなたが最後の部分を好いてくださったことうれしく思います　ヤギは主役ではありませんけれど　私はこころこめて書き　あの最後の部分にし、私の愛と悲しみをこめてあります　みつけてくださってありがとう　今後もこころこめて　ジュニアに贈る作品を書くつもりです　女学生の友四月号に『風に鳴る愛』というのを書いています　うれしくおよみください

『女学生の友』（昭和 45 年 1 月号／小学館）の別冊フロク「冬野の虹」

III 笑顔を届ける

リンボウ先生が訪ねてきてくれた！

林望《はやしのぞむ》先生にはじめてお目にかかったのは、二〇一〇年の十月九日。雑誌『いきいき』で催された古典講演会の席であった。

その会は林先生と私がそれぞれ古典の話をし、その後、対談をするというものだった。林先生はご執筆中の『謹訳源氏物語』（祥伝社）についてのお話をなさり、その一部を朗読なさった。源氏物語の原文を目で追いながら、耳は先生の謹訳の朗読を聴くという形をとられたので、その訳がどんなにこまやかな心遣いにあふれているかということがよくわかり、登場人物が本の中から身を起こして語りかけてくれるような気さえした。しかも、大変いい声で聴かせてくださるので、愉しさはより濃くなった。

先生の講義にひき続き、私も「若々しく生きるには」というタイトルで、枕草子や徒然草のエピソードをからめながら、ポイントをあげてお話しした。対談は別にテーマを決めず、自由なものだった。そのとき、うかがったのだが、先生の亡きお母様が、もしご存命ならば、ちょうど私と同じお歳になられているとか。

私もまた、心の中で思った。四十九歳の若さで逝ったわが息子がもし生きていれば、林先生くらいのお年なのだがと……。そんな、おたがいの思いもあってか、大変親愛感のこもるその日の対談となった。

その日のあと、すぐに先生はご自分のホームページにこの対談についてをお書きになり、記事をプリントして、送ってくださった。その中の私に関する言葉はかぎりなく好意に充ちていて、私を涙ぐましくさえさせた。

〃清川さんは現在八十九歳というから、私の母と同じ歳である。私の母はもう十三年ほど前に他界したが、清川さんはいやはやとんでもなくお元気な方で、頭脳はまったく明晰、表情もゆたかに、つぎつぎと面白い話を繰り出される。この柔軟な頭脳、それにお人柄も、積極的に前進していこうとする活動性、知的好奇心、プラス思考、すべてが私共にお手本となるような方である〃

　私は感動した。心からうれしいと思った。そして、思った。私の感動は、ただ自分をほめてもらったということだけではない。これほど、人を心からほめることのできる方は、ご自分にも充分自信があり、人を容《い》れることのできる大きい心の受け皿を持っていらっしゃるのだ、と。繊細鋭敏な感覚、柔軟にして犀利な頭脳をお持ちなのだと。そのことに感動したのだった。

　私は自分に言いふくめた。先生のほめ言葉通りの人間になりなさい、と。私にはすこしネガティブな心の部分もあるのだが、そこをうまく明るく前向きに切り換えて、晴れやかにひとり暮らしを営みなさい、と。

私は先生にお礼状をさしあげた。コピーを取っていないので、詳細は覚えていないが、心に思った通りを素直に書いたはずだ。人間は自分に好意を抱いてくれる人には素直になれるものだ。私にはとりわけその傾向がある。林先生にはまじりけなしの素直さで向かえる私を感じた。

連載している『日本老友新聞』に「ほめ言葉を贈ろう」という小文を載せた。先生からほめていただいたことを芯にして、ほめるという才能も、自分を磨かなければ開発されないのだと書いた。

さきに、ブログのコピーをいただいたときもお礼状をさしあげたが、この新聞の文章もコピーして、私は先生にお送りした。

先生からお手紙がきた。鳥の子色（薄い卵色）の和紙の角封筒に墨書。墨の色が鳥の子の地色にくっきりと冴えている。明るくおおらかでのびやかな字。古典の世界に、おいしいイギリスの味もほのかに添えられている。公開講座などで手紙についてお話をするときに、私はいつも、こんなことを言う。

「手紙は自分の代わりに人の家を訪ねるもの。感じのいい訪ねかたをしましょう」

林先生のお手紙を見て、私は思った。ああ、先生が私を訪ねてくださった、と。そのお手紙は、封筒の上からだけ見てさえ、先生らしい雰囲気と風格を持っていたのだ。

和紙の角封筒の中は、上等の白紙にパソコンで打たれた横書きの活字。だが、最後の余白にはご自筆のサイン。ブルーのインクの色もさわやかなペン字。流れるような草書なので、花押という感じもしてほほ笑ましい。

『日本老友新聞』の私の記事に関しては、

〝さて、このたびは、うれしいご懇状を頂戴いたしまして、まことにありがとうございました〟と、大変ごていねい。〝うれしいご懇状〟とは、うれしさがまた加わるような言葉だ。

二〇一一年の一月終わりにお出しになっているこのお手紙には、ご執筆なかばの謹訳源氏に対しての思い入れが語られている。

〝ちょうど第五巻が刊行になりまして、これからまた、源氏についての講演などがあれこれ予定されております。思えば一昨年の八月朔日に起筆いたしまして、一年半ほどで、やっと道なかばに到達しました。さすがに源氏は手ごわいです。

いまは、その先の若菜を書いておりますが、この巻はまた一段と読みどころの多い巻でございますので、愉しみながらも、現代語訳に苦吟をかさねつつ、毎日机にむかっております〟

なんと長丁場の力わざに挑戦していらっしゃるのだろう。私も、小さなものの書きだから、作品を書きあげるまでの苦しさ、せつなさ、頼りなさ、そしてそのあとの達成の喜びはよくわかる。先生はさりげなく書いていらっしゃるけれど、その難行苦行には身につまされる思いがする。〝愉しみながらも苦吟をかさねつつ〟という言葉に、心から応援したい、という思いを持った。

お手紙には、こんな言葉もあった。

〝昨日は朝日カルチャーの依頼で、『冬の古典文学』と題し、蕪村の俳句、良寛の長歌、大隈言道《おおくまことみち》と橘《たちばなの》曙覧《あけみ》の短歌、井原西鶴の小説、枕草子、そして源氏、と盛りだくさんに話をしてまいりました。まことに日本の古典の世界は深くかぎりない大森林のごとく、分け入っても分け入っても、なおさらにその奥があるという思いがいたします〟

『いきいき』の対談の前に、ちょっと二人だけでお話しをしたとき、先生はご自分のことをこうおっしゃった。

「若いとき、充分に仕込みました」

仕込みとは、たくさんの本を読みこみ、考え、納得されたことをいうのだろう。充分にというところが頼もしい。私など、仕込みが足りないので、教室でいつもこう言う。

「質問されても、わからないことがあるかもしれません。でも、わからないことがあるのはちっとも恥ずかしいことではありません。人間、知らないことがいっぱいあるのが、あたりまえ。わからないことがあったら、すぐ、できるかぎり調べてお答えします」

林先生の〝分け入っても分け入っても〟の言葉は身に沁《し》みる実感なのだ。さて、先生のこのお手紙は四つ折りされ、さらに、二つ折りのカードの間にはさまれていた。

そして、このカードの愉しさこそ、特筆すべきものだった。

二つ折りの片面には、封筒の色よりやや明るい鳥の子色の地色に山うどのペン画が描かれていた。うどについて、よくわからない私は広辞苑をひいてみた。〝独活《うど》。ウコギ科の多年草。山地に自生し、また栽培もされる〟にはじまった説明の最後に〝早春、若芽は食用とし、やわらかく芳香がある〟

林先生のペン画はその若芽なのだ。なんといとしさに充ちて描かれているのだろう。やわらかな茎と、まだたたまれている葉は薄緑、小さなトゲも愉しげに描き添えられている。薄緑の茎や葉のところどころにはほのぼのとした薄紅のぼかし。なんだか山うど自身が生きている歓びに包まれているように見える。

うどのペン画の楽しさは尾を曳いていて、先生お手作りの絵カードをまたいただけないかなあ、と望んでいた。

望みは叶った。絵カードはふたたびわが家を訪れた。そして、カードの内側に記された文字も、大変うれしいものだった。

二〇一二年のはじめ、私は筑摩書房から『つらい時、いつも古典に救われた』という文庫を出した。文庫編集部の方が、『ちくま』というPR誌にこの文庫本の批評を書いてくださるよう、林先生に依頼したところ、先生は快諾してくださった。そのことを電話で聞いた私は、うれしさにすぐに先生に手紙をさしあげた。

そのお返事が、ふたたびの絵カードとなったのだ。文面には〝年末年始も何もないほど、種々の仕事に追われておりますが、先生の御本のことは最優先でいたします〟——涙ぐむ思いであった。

そして、このたびの絵は、これはまた、なんと明るくのどかな、なつかしさに充ちた風景画であろう。水彩で描かれている。

どこかの漁村である。小さな岬。岸に迫っている、なんだか大正の匂いのするような二階家が四軒（壁のグレイと黄土色があたたかい）。海に下りていく石段。傍の石積みの上の紅い花群。岬の突端の小さなお宮とその鳥居（船神様なのだ）。

空には愉しげな雲。海は凪いで青緑色。一艘の漁船がいま港に帰りついたところか。生きる歓びの歌が聞こえてきそう……。

絵カードと文面の言葉と。まさに、このお手紙は、私にとって、〝うれしきこと、二つ〟のサンプルのようであった。

私のこの本に、手紙についての書き下ろしエッセイを加えて、と編集者から頼まれたとき、まず頭に浮かんだのが、林望先生のお手紙のことだった。でも、まず先生のご了解を得ておかなければならない。私は手紙を認《したた》めた。事の次第を語り、お許しを得たいと述べ、〃もしよければ絵カードの絵について、ご説明をいただければしあわせです〃とお願いした。大変なお忙しさはよくわかっているので、封書の中に、切手を貼った葉書を入れ、葉書の表には、こちらの住所氏名を記しておいた。

打てば響くように、お返事がきた。

〃(前略) カードの絵は次の通りでございます。

一、風景の方は、下関近くの「矢玉」という町の景色です。日本の原風景のような、まことに懐かしい景色に打たれました。

二、山うどは声楽家の嶺貞子《みねさだこ》先生 (芸大名誉教授) から頂戴した山独活があまりに美しいので食べる前に描きました。

こちらのカード、いずれもコンピューターで自作しております〟

矢玉という地名に、私は、あら、と思った。下関近くのこの地名、たしかに聞いたことがある。私は山口県立下関高等女学校を卒業し、奈良女子高等師範学校を卒業後、その母校に国語教師として、二年足らず勤めた。同期生や教え子の中には、矢玉から通ってくる人たちもたしかにいたはずだ。そのことを知って、ますます、この絵カードがなつかしいものとなった。人の縁というものは、思いがけないところでつながっているものだ。

山うどのご説明の中の〝食べる前に描きました〟が、またほほ笑ましい。林先生は料理の達人でもいらっしゃる。『毎日が発見』という雑誌にも「リンボウ先生の食いしん坊日乗」という連載をお持ちになっている（料理についても仕込みの足りない私は、〝蓮根を酢水につけてアクを抜く〟などと、教えていただいている）。

この美しい山うどを、先生はどのようにお料理なさったのだろうか。訊かまほし、である。

林先生のお手紙すべてについて言えるのは、諸芸百般にわたって、充分に仕込まれた人生の実りが感じられること。そして、その実りの実に古典の蘊奥《うんおう》が光っていること、である。

文雅の香りなつかしい、先生のお手紙は、私にとって、こよなきしあわせの贈りものなのである。

付記

先生の『源氏物語』の講義は、その後も続けられ、私もそのほとんどを聴きにうかがっている。独自な切り口によって、毎回のテーマを決められているが、最近のものは〝女親の視線〟であった。それは、たとえば「横笛」の巻。柏木の忘れ形見、薫が、よちよち歩きの頃、筍をにぎって、よだれだらけにしながら、かじるシーンを「これはまさに女親の視線」と解説なさるところなど、なんという細部にまでくぐり入って読みこんでいらっしゃる目か、と私は深くうなずいた。帰宅して『謹訳源氏物語』の巻七を取り出して、そのあたりを読み直してみた。源氏がそんな薫を見て、「いとねじけたる色好みかな」という原文を「この若君は筍姫にご執心」などと、芸のこまかい名訳である。私はすぐに読者としての喜びを葉書に載せてお知らせした。

林望先生からの手紙に同封されていたカード（2011年1月28日）

林望先生が“食べる前に描いた”山うど。若芽の色合いやトゲまでこまかく描かれ、みずみずしさにあふれている。

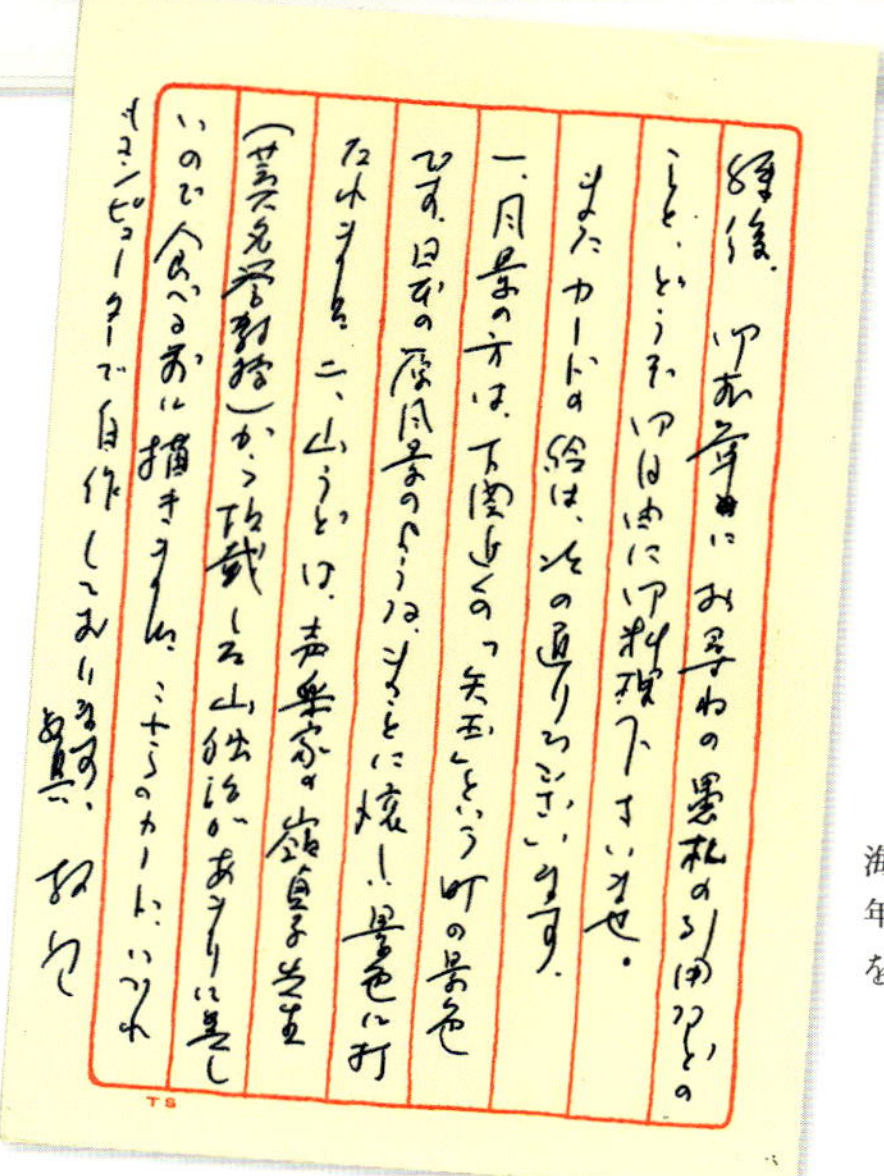

拝復、御本章にお寄せの墨札の御申し出の
こと、どうぞ御自由に御料理下さいませ。
またカードの絵は、次の通りでございます。
一、風景の方は、下関近くの「矢玉」という町の景色
です。日本の原風景のような[illegible]景色に打
たれました。 二、山うどは、声楽家の嶺貞子先生
（芸大名誉教授）から頂戴した山独活があまりに美し
いので食べる前に描きました。 これらのカードはいずれ
もコンピューターで自作しております。 敬具

海辺の風景のカード（2012年2月7日）と、その説明を記した葉書。

毎日コツコツ自分育て

寒さ厳しかった二〇〇八年一月なかばから二月はじめにかけて、私は珍しく風邪をひき、長い間気勢が上がらなかった。その間も教室は休まず、ひどいシワガレ声で講義して、みんなを心配させ、教室のない日は、あきれるほど眠り続けた。だが、一月下旬にはうれしいことがあった。新著『今日から自分磨き―楽しみながら、すこしずつ』（清流出版）が出たのだ。

万葉集教室の生徒、谷絹枝《たにきぬえ》さんから手紙がきたのは、その本が都内の書店に出まわった直後だった。便箋一枚半の短い手紙にこもる、しなやかな行動力と繊細に感応する心が、私を驚かせ、喜ばせた。それは風邪の日のこの上ない贈りものだった。

教室で私から本の発行日を聞いていたので、谷さんは強い風の中でもでかけたのだ。その本の30ページまできたとき、谷さんは何故涙したのか。もちろん、私も、わが本のそのページをすぐに開いてみた。読者のためには、すこし説明が要《い》る。

ロンドンのおしゃれな小さなホテルの地下レストランでの話。注文をとりにきたアフリカ出身の若きウエイターに私はフルーツ・プレートを注文した。その後、ウエイターは交代し、フルーツ・プレートは待てどもこない。二番目のウエイターにそのことを言うと、最初の人が、ものすごく緊張した顔であらわれ、長身を曲げて、こう言った。

〝「ごめんなさい《アイム・ソーリー》。私はまったく忘れていました《アイ・ハブ・コンプリートリー・ファゴット》」

短い言葉でした。でも、この〝まったく《コンプリートリー》〟というところに、心がパシッと入っていて、声もすこし大きく張られていました。

私は思いました。彼は全身でわびていると。そして、まぎれもなく、自分の言葉でわびていると。そこにはマニュアルどおりの、その場しのぎのかたち、言葉ではない、真実の流露がありました〟

私はここに気合いを入れて、熱い心で書いている。谷さんもまた熱い心で、まるで私と一緒に呼吸《いき》をしているような感じで、私の本を読んでくださっている。〝この手紙をポストに入れて来たら、続きを読みます〟——心もからだもしなやかなのだ。

そして、ハッピー・サプライズは次の日も私を見舞ってくれた。谷さんの二通目の手紙が続けてきたのだ。わが本の中の〝肌の温かいうちに〟という章について、彼女は、自分の体験をぴったりと私の体験に重ね、思いを共有している。

谷さんは定年退職後、一九八九年から私の教室に入り、十年間受講。お母様の介護のため七年間休み、お母様がご逝去後、二〇〇七年からまた受講。一九九九年から早稲田オープン・カレッジでずっと西洋音楽史を受講。ヨーロッパへの音楽の旅も十三回。

『徒然草』に、人にものをあげるのは、何かの決まりごとのときではなくて、あげたいと心から思うときにあげるのが誠実な心だ、という言葉がある。谷さんの手紙に、私はこの言葉を思い出したが、書きたいと思ったときすぐ書けるというのも、その人が絶えず自分を育て続けているからこそだと思う。

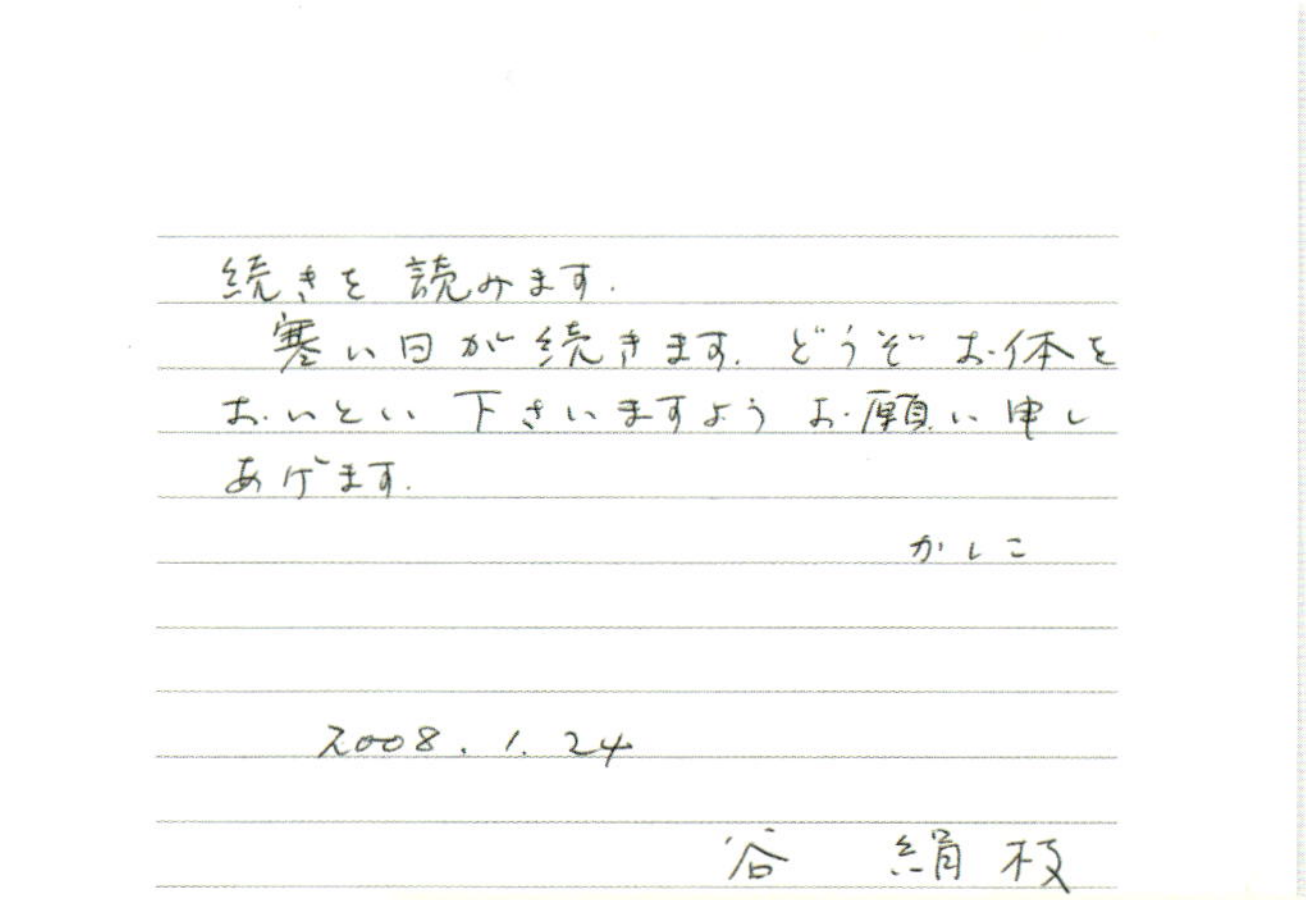

続きを読みます。
寒い日が続きます。どうぞお体をおいとい下さいますようお願い申しあげます。

かしこ

2008.1.24

谷　絹枝

清川　妙様

今日も本当に寒い1日です。

昨日発信したおかしな私の手紙届きましたでしょうか。大分変ですね。

でも「今日から自分磨き」の御本で感じたことがもうひとつありました。それは「肌の温かいうちに」というところで、ご主人様の額がしんと冷たかったという文章です。

じつは、私の母は眠っているうちに亡くなったのですが、朝「お母さんおはよう」と言って額に手を当てたら冷たくなっていたのです。このオデコに手を当てて、おはようと言うのは毎朝のことでしたので、ほんとうに驚きました。

父は母に抱かれて息をひきとったので、この冷たさははじめてのことでした。母が亡くなって間もなく2年になります。

「肌の温かいうちに」毎日人様に接するときはこの気持ちを持ち続けたいと思います。

また、おかしな手紙になりました。

お許しください。

2008. 1. 25　谷　絹枝

谷 絹枝さんからの手紙／2通目の文面
(2008年1月25日)

谷 絹枝さんからの手紙／1通目（2008年1月24日）

清川 妙様

今日強い風の中を新しいご本を求めに高田馬場まで行って来ました。

早速、紅茶を飲みながら読み出したのですが「おわびのしかた」の30ページの、最初のウェイターの言葉を読んだ時、何故か涙が止まりませんでした。

このお話は以前教室で伺ったことがあったと思いますが、その時は感じなかったことが、このような気持になるのは不思議です。

107ページまで読み進んで来てどうしても この気持をお伝えしたくて、手紙を書いております。

心がこもった文章は短くても人の琴線に触れることが良く分りました。

この手紙をポストに入れて来たら

三月二十日はネコ手紙の日

三月二十日。私の誕生日に、毎年、松田《まつだ》ゆみ子《こ》さんから、ネコカードでお祝い状がくる。

ゆみ子さんは、女優の上戸彩にどこか似たかわいい美人で、私のネコ友達である。二人共ネコ好きで、気の利いたネコグッズを喜び、ネコを飼っている。そして、手紙好きであるから、いきおい、おたがいの手紙はいつもネコカード、ネコ便箋、ネコ封筒のことが多い。

というわけで、二〇〇八年の誕生祝カードは、春野の中にデンとすわる赤ネコであった。グリーンのラメ入りの首輪《くびわ》には、Happy Birthdayと書いた名札をさげている。赤ネコはお祝いのケーキを持参してくれたのだ。注意深く見ると、テントウムシ、カタツムリ、蝶なども描かれていて、野の香りも高い。

文面はこうである。

〝清川先生、今年はこのネコカードでお祝いしたいと思います。来年はどんなネコカードか愉しみにしてくださいね！　先生がますますお元気でもりもりお仕事されますように。春の風が清川先生に集まりますように。（ここのところ与謝野晶子の詩をちょっと真似して）〟

二〇〇五年の誕生祝カードもじつにユニークだった。これは、何かの雑誌に載っていた写真を切り抜いて、官製葉書に貼った手作りカードで、ネコの笑顔がなんとも愉しい。

どんな細工でこの笑顔写真を作ったのだろう。とにかく、これを見ると、こちらも笑顔を返したくなるので、もらって以来、ずっと玄関からキッチンに通じるガラス扉の桟《さん》にピンで留めている。

そして、裏面の文章もまた微笑を誘った。

〝お誕生日おめでとうございます。我家の船来のカレンダーでは、三月二十日はFirst Day of Springと書かれていました。春の一日目という素敵な誕生日の持ち主の清川先生の毎日が、このネコちゃんのように笑顔でありますように〟

さて、ゆみ子さんの二〇〇八年のホワイトデーの手紙は、私が、娘・佐竹《さたけ》茉莉子《まりこ》の写真集『道ばた猫ものがたり』(清流出版)を贈ったときのお礼状である。記された感想はじつにこまやかで、ネコ友達ならではの皮膚感のあるあたたかさがこもっている。

活字で書き出しのあたりを紹介したが、その他の部分もおもしろい。

〝駄菓子屋のフランソワ。思いっきり和柄なのにフランソワ。すこし笑っちやいました。フランソワごめんなさい〟

〝子育て場は民宿の脱衣場。子ネコてんこ盛りですね。どの子ネコも洋物がかっていて、白くてきれいだから里親の心配はなさそうです〟

ゆみ子さんは、親の目で彼らを見ている。

私から見たゆみ子さんの肩書はネコ友達の他にあと二つ。ひとつは恩人。彼女は有名な井上眼科病院のベテラン・ナースで、五年ぐらい前、私が白内障で入院手術したときの前後にかけ、だれよりも頼りになる、強い味方でいてくださった。もちろん、いまも。もうひとつの肩書は、わが万葉集教室の八年間にわたる、きわめて熱心な生徒である。

ゆみ子さんの丸文字の手紙に、ふと詩とユーモアが漂うのは、妙先生の講義の成果かと、すこし自賛を加えたい。

2005年の誕生祝カード（上）と2008年のカード（下）。

封筒には期日指定のシールが。

松田ゆみ子さんからの手紙（2008年3月14日）

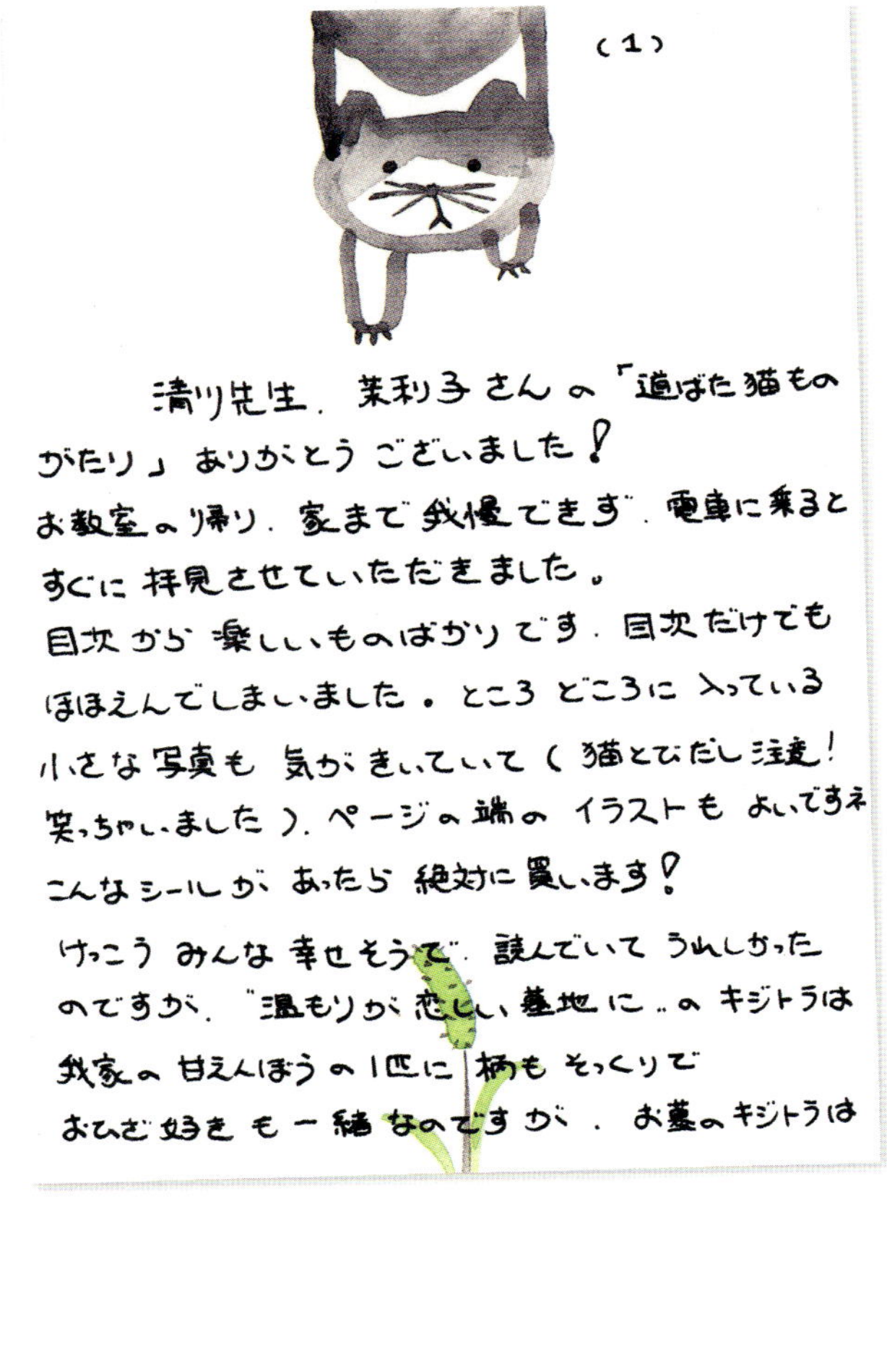

（1）

清川先生、茉莉子さんの「道ばた猫ものがたり」ありがとうございました！
お教室の帰り、家まで我慢できず、電車に乗るとすぐに拝見させていただきました。
目次から楽しいものばかりです。目次だけでもほほえんでしまいました。ところどころに入っている小さな写真も気がきいていて（猫とびだし注意！笑っちゃいました）。ページの端のイラストもよいですネ
こんなシールがあったら絶対に買います！
けっこうみんな幸せそうで、読んでいてうれしかったのですが、"温もりが恋しい墓地に"のキジトラは我家の甘えんぼうの1匹に柄もそっくりで
おひざ好きも一緒なのですが、お墓のキジトラは

石垣島からの応援歌

私の孫の佐竹まどかは三十一歳。二十歳のとき、石垣島に渡り、二、三の仕事を経て、いま、シーサーの工房で働くという好きな仕事にも恵まれ、明るく自立している。

幼稚園時代からいままで、いろいろな折に、まどかと私はずっと手紙を交換し続け、なんと二十数年間、二人は親密な手紙友達なのである。

彼女の手紙のルーツともいえるようなものを、私は大切にし、いまも部屋に飾っている。

彼女が五歳のときだった。夫と私が、彼女の家のクリスマス・パーティーに招かれたときの帰りぎわに、「これ、サンディーへのおみやげ」と小さな包みを渡してくれた。サンディーとは私たちの愛猫である。中から出てきたのは、小さなスミレ色の額におさめられたまどかが描くサンディーの絵。寒そうな顔で、降りしきる雪の中に立つサンディーの首には赤いマフラーが巻かれている。まどか、と幼い字のサイン。

この絵を見ながら、私はいつも思う。この頃のまどかの心は、いまもそのまま彼女の手紙の中に息づいている、と。

留守番のサンディーへおみやげ、というやさしさと励まし。相手の幸福を願うという心根は、いつか、彼女の手紙のメインテーマとなっている。

ほのかなユーモアと詩味。これも彼女の手紙の個性である。そして、もうひとつの強烈な個性は動物への愛。石垣に行ってからの、風《ふう》、はなこ、チイコ、麦生《むぎお》――イヌやネコと言ってはいけない。みんな彼女の家族である(い

ま は亡きもの も い るが)。

ここにご紹介するのは、二〇〇七年、私がNHKの「英語でしゃべらナイト」という番組に出た後の手紙である。私はまどかの、のびやかな、すこし大きめの、いつもていねいな字が大好きである。

この手紙には、祖母と孫という、家族ならではの皮膚感に似た親愛の情がある。〝なぜか、私までドキドキ緊張してしまいましたよ〟というところなど。

〝テレビの中のおばあちゃんは、とてもチャーミングでした〟――ここは、「ありがとう」だ。

五十六歳も年下のまどかから、私は明るい風を吹きこまれ、励ましてもらっていると思う。〝体に気をつけて、仕事も遊びもがんばってね〟とは、うれしい応援歌。

まどかにはひいおばあちゃんになる、私の母はよく手紙を書いた。自己流のクリクリとしたマンガっぽい字を、私は「さざえのつぼやき」とからかったが、ものともせず、じつにまめに書いた。母に言いつけられて、私も子供の頃から手紙を書き、いまでも平均して一日に三、四通は書く。娘の佐竹茉莉子も遺伝子充分で、手紙の著書も二冊ある。

あたたかな心の手紙の系譜を、私は強く感じる。手紙を書き続ける人生を持つことは、その人を磨き、心を老いさせない。まどかとの文通を、これからもずっと続けたい。

付記

まどかは幸福な結婚をして、現在は赤木《あかぎ》まどかになっているが、赤木まどかからも、変わらず明るくユーモラスな手紙がくる。

孫のまどかからの手紙（2007年3月18日）

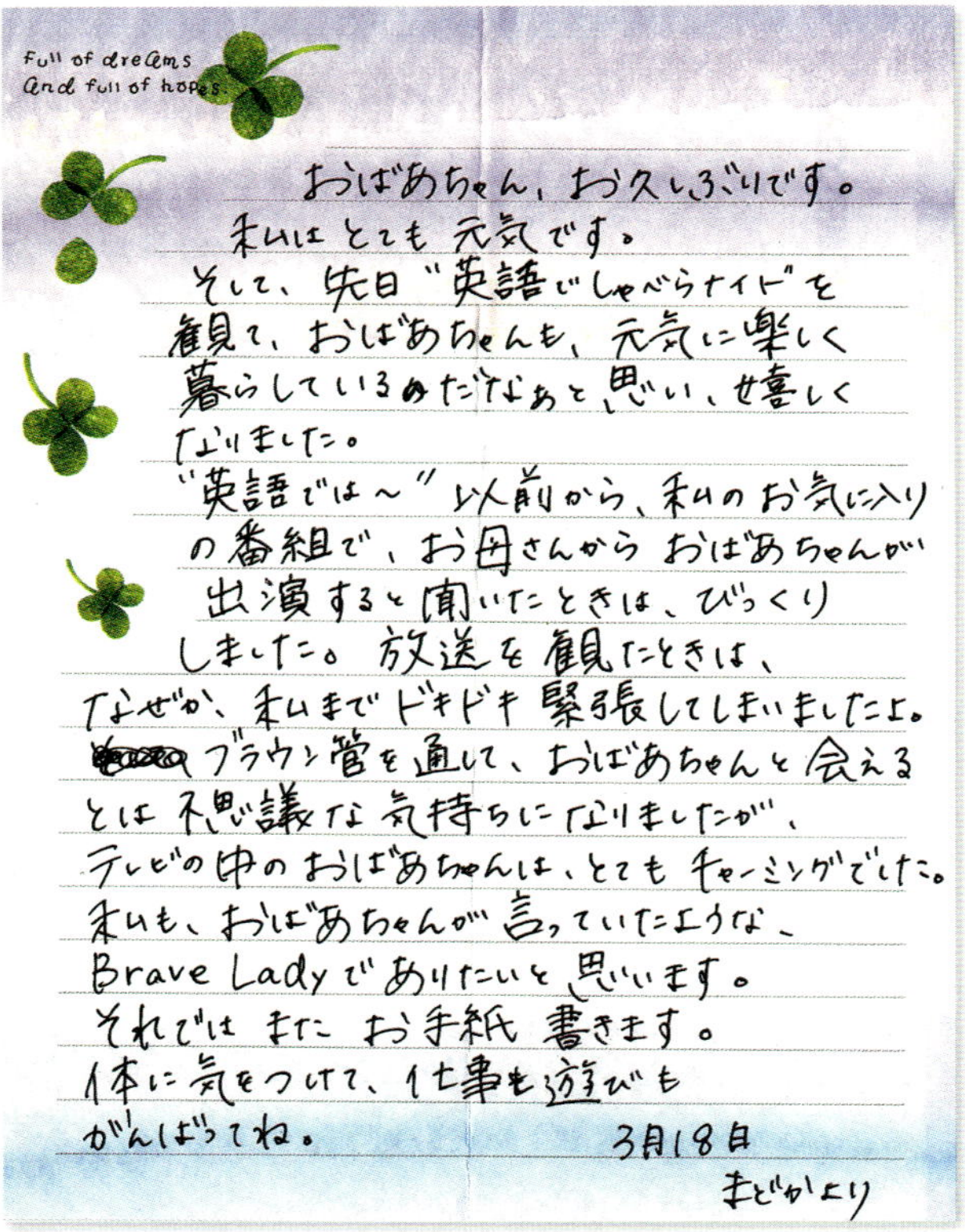

Full of dreams
and full of hopes.

おばあちゃん、お久しぶりです。
私はとても元気です。
そして、先日"英語でしゃべらナイト"を
観て、おばあちゃんも、元気に楽しく
暮らしているのだなあと思い、嬉しく
なりました。
"英語では～"以前から、私のお気に入り
の番組で、お母さんからおばあちゃんが
出演すると聞いたときは、びっくり
しました。放送を観たときは、
なぜか、私までドキドキ緊張してしまいましたよ。
ブラウン管を通して、おばあちゃんと会える
とは不思議な気持ちになりましたが、
テレビの中のおばあちゃんは、とてもチャーミングでした。
私も、おばあちゃんが言っていたような、
Brave Ladyでありたいと思います。
それではまたお手紙書きます。
体に気をつけて、仕事も遊びも
がんばってね。
3月18日
まどかより

まどかが5歳のときに描いたサンディー。

まどかの手紙は、ほとんどがネコカード。

親友の忘れがたみ

138ページの葉書は、いまは亡きわが親友、井上宣子《いのうえのぶこ》さんが一九九五年の師走三十日に書いた年賀状である。多くの人に出す定石通りの年賀状ではなく、私ひとりにとくにあてて、心をこめて書いてくださっている。書き出しもなんとおしゃれなことか。それに続く短い文の中におさめられているのはたっぷりの感謝と祝福。ここには、井上さんの私あての手紙のすべての心が凝縮されている。

半世紀を越す友情とは、まさにその通り。

井上さんと私は奈良女子高等師範学校の文科の同級生。入学したときから九年前の井上さん逝去の年まで、六十四年間、この希有な友情は続いた。井上さんの手紙は、端正な意志のある字と、リズミカルな詩的な文章を持ち、視覚的にも大変こまやかな心くばりがある。この年賀状も、なんと春を迎えるにふさわしい図柄だろう。橙色《だいだい》の古風な袋の紐は朱色。まるでかんざしのように挿されたういういしい桃の花。切手は春にさきがけて咲く梅の花である。

井上さんの手紙はいつもアートと呼びたいほどの魅力的な贈りものだった。その贈りものを私はすべて〝井上さん箱〟に入れている。今日数えてみたら九十八通あった（どこかに隠れているもの、なくしたものもあると思うが）。

心が落ちこんだ日、私は箱の中から無作為に手紙を拾い出して読む。どの手紙からも、私はあふれる祝福をもらっている。そのひとつをご紹介しよう。

〝『出会いのときめき』（清流出版）ほんとうにありがとうございます。うれしくてダッコして寝ました。繊細な表現の中の命の輝き、人生、自然界に対する率直、誠実さはあなたのベース、大いに慰めとなりました。それにこのたびはやはり加齢の賜《たまもの》でしょうか。しみじみとした滋味《じみ》がプラスされ、深みいやます好エッセイとなりました。特に共感おくあたわずの部分はP92「年を重ねるということはけっしてうらぶれることではない。だんだん思いが深く広くなっていく嬉しいことなのである」双手《もろて》をあげて賛成。さすがわが敬愛する親友と胸をはりました。ますますしなやかに、したたかに生きる心を持ちましょう〟

〝うれしくてダッコして寝ました〟とは、井上さんの全手紙の中でも特筆すべき愛の言葉。ダッコされただけでなく、これほどのほめ言葉をもらうことのできたわが著書は、なんという幸福者であろう。

この手紙は井上さんの死から三か月前、病院で認められたものである。それなのに些《いささ》かの暗さもないのは驚くほどだ。それはすべての彼女の手紙に言えることだが。愚痴や恨み言など一切なかった。だが、ある日の手紙には、こんな言葉が――。

〝この頃シンゾウ氏が気むずかしいので、外出もできません〟

またこんなのも。

〝シンゾウ氏、きげんがいいので、美術館に行ってきました〟

シンゾウ氏とは誰あろう、彼女の持病であり、命取りともなった心臓である。苦難もしゃれのめして、すがすがしく、頼もしく生きぬいた井上さん。

私もそう生きたい。彼女の忘れがたみの手紙は、私にとってお守りと思える。

井上宣子さんからの年賀状（1995年12月30日）

TVでヴェルディのレクイエムを
きゝながら今年の締めのあ
いさつを。
半世紀をこすのとうとい、
友情を神に感謝して
来る年もどうぞよろしく
お祈りますどんな時
にも私のささえになってく
ださいまし　そのためにもいつ
も健やかでいらしてくだ
さい　祈ります

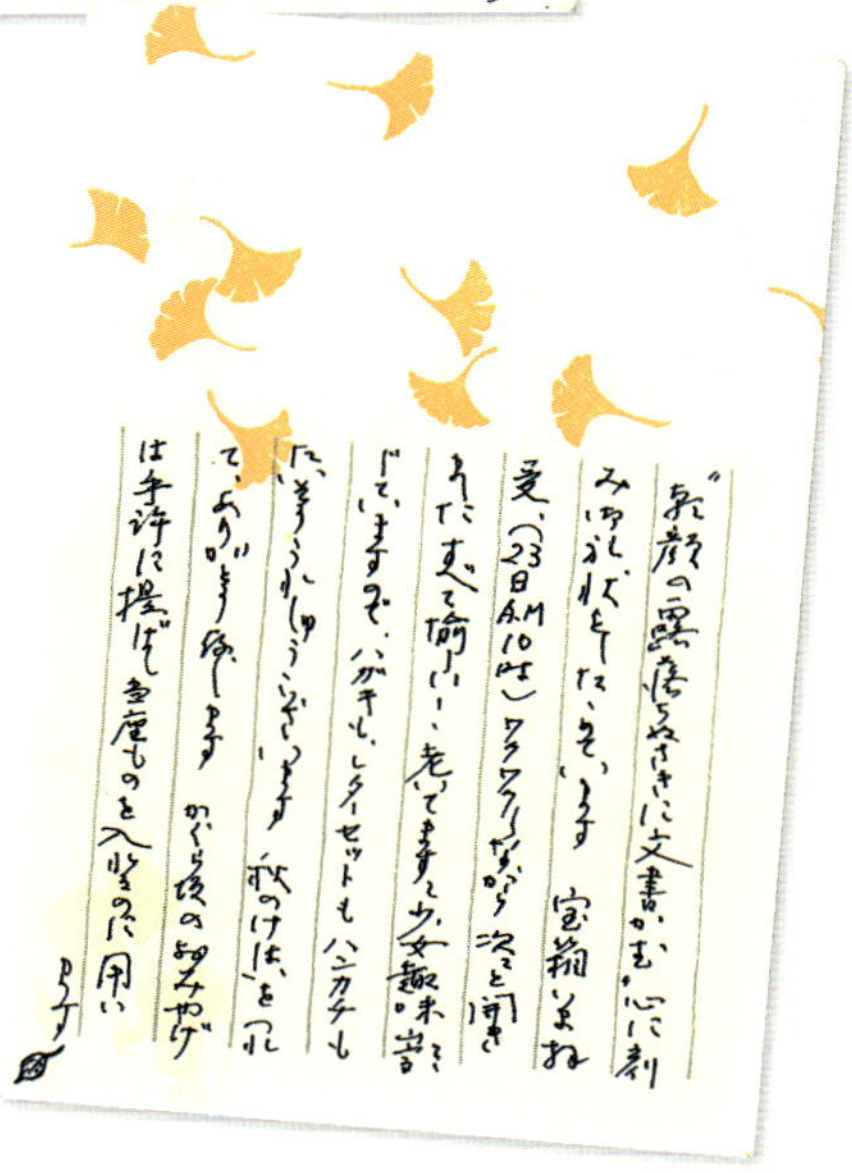

井上さんからのお礼状の数々。季節感にあふれ、葉書そのものが贈りもののよう。

Ⅳ 感謝をこめる

心が落ちこんだ日の常備薬

時折であるが、私にも、なんとなく心が落ちこむ日はある。そんなとき、どうするか。大変よく効く常備薬を持っているのだ。

それは、いまは亡きわが親友、井上宣子さんの手紙だ。138ページにも、ある年の葉書を紹介しているが、この章では、他の手紙もいろいろ紹介して、その魅力を味わっていただこう。

奈良女子高等師範学校文科のクラスメート、卒業後もずっと親交を保った彼女の手紙は、箱いっぱいに詰められ、いつも机辺《きへん》にある。心がさびしく、ひもじくなったとき、私はその中から無作為に一通、二通を抽き出して読みはじめる。

井上さんの声が耳許で聞こえるような気がする。心は静かに立ちあがりはじめる。

まず、その一通を取り出して、読者の方と一緒に読んでみよう。

これは、夏の終わりの頃の、ある日の手紙。残念ながら年代はわからない。贈りものの中に入っていた添え手紙である。

〝秋が立ってもなかなかのお暑さ、御ぶさたしておりました。おさわりなくおいでのことと存じます。私はあいかわらず、チョコチョコと故障おこしますもの、何とかその日その日を愉しく無理なく暮しています。

さて、マヨネーズ休業の代り、手作りのドレッシング御送りしてみます。案外美味しかったので御届けします。たくわんは高校野球を（TV）見ながら刻んだものです。おしたじをたらすとよいかもしれません。（つまらぬも

のばかりで身が縮みます）
後になってしまって申訳なく存じますが、御恵与の御著しみじみと読ませていただきました。すべてをプラス志向に換えるあなたの精神生活、それに至るまでの心の鍛錬を思うと涙が出るほどの尊敬と感動を覚えます。
それが読後の清涼感となり、魅力となり、全体をあたたかく包みこんでいるのですね。
多くの方々に読んでいただきたいものです。
いつもいつも御元気で、私を励ましてくださるよう心から願っています。
それではまた〃
いつもおいしい手作りマヨネーズを、定期的といってもいいほどに、しょっちゅう送ってくださっていたのだが、夏はしばし休業。この手紙のときは、マヨネーズの代わりにドレッシングとなったもの。刻みたくわんも添えてあったのはうれしかった。仲良しきょうだいの感覚だ。

井上さんの私への手紙の特徴は、いつも、どこかに私をほめ、励ます言葉が入っていることだ。けっしてお世辞ではなく、心がピシッと入っている。この手紙は、私が夫を亡くした後のものと思うが、〝それに至るまでの心の鍛錬を思うと涙が出るほどの尊敬と感動〟とは、彼女もずっと私の心に寄り添ってくれていてこその、ありがたい言葉である。

自分の体の不調を綿々と訴えて、人をゆううつにさせることなどは、絶対になかった。〝チョコチョコと故障おこしますが〟とは、大いに抑制の利いた言葉だと思う。この抑制も特徴のひとつだった。

封筒、便箋、絵葉書、シールなどに、こまやかに神経を使っていて、受け取る私をいつも愉しませてくれたのも、大きな特徴のひとつだった。この添え手紙の封筒には、クリームあんみつの童画風な彩色画。便箋には水ようかんとグリーンティーの、これも同様な彩色画。封筒シールはグレープフルーツ。〝夏のおいしいもの便り〟をキメていた。

しかも字は美しい行成流のペン字。内容の言葉はもちろん、視覚的に、だけでも、彼女の手紙は〝永久保存〟の値打ものなのだ。

つぎに、紹介するのは、こちらからおいしいものをさしあげたときのお礼状。何を送っても、いつも、打てば響くように、流麗な字のお礼状がきた。六月二十五日午後四時の字が封筒の裏にある。いつの年のものかわからないが、これも、私がひとり暮らしをはじめた頃のものである。

〝いつもながらお心こもるプレゼント、ほんとうにうれしいことです。おやさしいメッセージと共にお気づかい、ありがとうございます。お元気に活躍しておられる御様子、安心しています。御無理のないように願います。

オーランはていねいに切りわけて木箱につめかえました。愉しみます。トキジャケは旬のもの、どんなにか味わい深いことかと明朝焼いていただきます。今晩は鰻重を作り、ほうれん草のお浸し、ゴマ豆腐、三葉と貝柱のすまし、ヌカ漬と決めちゃってあるので――

北海道のホワイトチョコはおいしいんですよね。彼の地に住んでいたのでなつかしいことです。早速一粒いただきました。

おかげ様で私は目下のところ恙《つつが》なし。一日一日ありがたく暮らしています。昨日（二十四日）雨あがりの万緑を見に牧野植物園に行ってきました。（治子と）心身共に活力をもらってきました。勇気を出して生きましょう。思い出を紡いで大きな大きなタペストリーを作り、未来につなげましょう。あなたのお人柄のたまもので、まわりに心あたたかい方々がおられるようで、私もうれしく思います。有能なヘルパーさんによろしく。私も掘田力氏のボランティアの会に入り、電話一本でお手伝いにきてもらえるようにしました。

マヨネーズ（マヨ、ミソ）、その中お送りしますね。ご注文ありがとうございます。

茉莉子《まりこ》さん、千恵子《ちえこ》さん、お元気でいらっしゃいますか。およろしく。

すてきに老いゆくよう心がけて　また〟

手紙のはしばしにひとり暮らしとなった私を気づかう言葉が見え隠れする。〝安心しています〟〝御無理のないように願います〟などがそれ。おせっかいがましくないところが、うれしい。

贈りものに対して、心から喜び、ていねいにお礼を言う。これも特徴。しかも、贈ったもののすべてにわたってお礼を言う。小さなものもけっして落とさない。〝おいしいもの数々ありがとうございました〟なんて絶対言わない。いつか、飴玉のお礼を言うのを忘れていて、〝こないだの手紙に言い忘れていましたが、おいしいフルーツ味の飴玉ありがとうございました。包み紙もかわいくて、折り紙折って遊びました〟と少女のような葉書がきたこともほほ笑ましい思い出だ。

この手紙にも、オーラン（以前、市川駅の近くの菓子店で売っていた、ブランデー入りの焼き菓子。井上さんに定期的に送る、定番のプレゼントだった)、トキジャケ、ホワイトチョコのそれぞれに、こまやかにお礼を言うのを忘れていない。

自分の近況はさりげなく、控えめな報告。そして、〝勇気を出して生きましょう〟とか〝思い出を紡いで大きな大きなタペストリーを作り、未来につなげましょう〟とか〝すてきに老いゆくよう心がけて〟とか、おたがいに元気を出そうよ、と励ましてくれている。

〝有能なヘルパーさん〟とは、夫の死後、家事全般、また、教室にでかけるときのドライバー役をひきうけてくださった、ありがたき友、岩内米子《いわうちよねこ》さんのこと。〝茉莉子〟はわが娘、〝千恵子〟は亡き息子のヨメさん。私のまわりのすべての人々にも気を配られた心やさしい手紙である。

次に紹介するのは、これも、井上さんからのマヨネーズが届いたときの、包みの中の添え手紙。季節だより風の何気ない手紙だが、どこか詩のような匂いがあって、忘れることができない。ある年の三月十八日、春浅い日の手紙。
〝かわりばえもしないものを送ります。
顆粒の味噌汁は案外いけるので入れました。自分が重宝しているので。
お部屋の模様替えお済みですか。さぞ御気分よろしいことでしょう。でも、
職人さんが入ると落ちつかないのですよね。お疲れ出ぬよう、願います〟
〝今日は風も出ず陽も出ず、春の日です。
こうしてあなたに小包作るの、愉しんでいるのです。いつまでできるかな、
愉しみは長く続けたいな、などと思いながら――おかげ様でシンゾウ君はお
となしくしています。おだいじに〟
二枚の便箋のあとに、もう一枚添えてあった。
〝しづかに　しづかに　生きたかりけり
絵蠟燭　点《とも》してきけば　炎《ひ》もしづか
三井ゆき

最近読んだ中で心を打ちました。たくさん読みたい本をかさねて、時のたつはやさをなげいています〟

この手紙の心の抑制は、私にだけしかわからない。

井上さんは心臓を患っていた。〝おかげ様でシンゾウ君はおとなしくしています〟のシンゾウ君とは誰あろう。じつは、井上さん自身の心臓のことなのだ。おとなしくない日のシンゾウ君も、たびたび、彼女を悩ませていたはずだ。

ごくたまに、シンゾウ君がおとなしくしている日、彼女はマヨネーズを作り、〝いつまでできるかな、愉しみは長く続けたい〟などと詩のような言葉を心の中でつぶやいている。

読んだ本の中の気に入った言葉を、私に告げることも、よくあった。この手紙の中の〝生きたかりけり〟という言葉は身に沁《し》む。

この手紙は三枚の一筆箋に書かれているのだが、折り重ねた三枚の、一番上の一筆箋の裏には、万葉集のかたかごの花――その薄紅の花三輪の小さな写真が貼られている。〝奈良の万葉植物園、あなたと御一緒の時〟と、写真の傍に、きれいな細字の説明。京都でクラス会があったとき、その会の前に二人だけで奈良に足を延ばして、興福寺の阿修羅像や万葉植物園を訪ねた。そのとき植物園でもらった案内の中に載っていたかたかごの写真だ。そんなものをちゃんと保存していて、タイムリーに使うわざを会得していた彼女だった。春浅い日の手紙には季節感もぴったりの花なのだ。

最後に、どうしても紹介したい手紙がある。

いまから十七年前の秋、夫が旅先の露天風呂の中で、夢のようにあの世に逝ったときの、井上さんのお悔やみ状である。

〝かなしい電話。すっかり動顚して何を話したのか覚えていないのです。失礼があったかもしれません。ごめんなさい。（中略）はじめて市川のお宅をお訪ねしたとき、香り高い紅茶をさりげなくふるまってくださった御主人のおもかげ。恐縮していると、あなたが「いいのよ。いろいろ手伝ってくれるのよ」と羨ましい発言をなさったこと。なんとおやさしいおだやかな方と心打たれたこと。定年でおやめになられた折、「これからはきみの手伝いをたくさんするよ、と言ってくれたのよ」とおっしゃっていたこと。その後カレー作りがとびきり上手になられたとうかがったこと、などなど。

あなたに対する深い愛情のなせる数々だったのでしょうか。非常にすぐれた人柄の持ち主でいらしたのですね。五十年のお二人の人生はおしあわせでありました。

そして、御苦しみもなく、ご家族に負担をかけることもなく、爽秋の空に旅立たれたご本人とすれば、この上なくご満足だったのではないでしょうか。私は理想的な終焉《しゅうえん》のように思います。(中略)

これからの日々、心ゆたかに健やかに一日一日を重ねてくださることが、御主人様のよろこびにつながると信じます。あなたの心にあるかぎり、亡き人の魂は生きているのです。（後略）〟

手紙には、のし付きの白地和紙封筒が同封されていた。表に漆黒で〝おなぐさめ〟の文字。封筒の中に、もうひとつ小ぶりの封筒が入って、それは白地の上に、一輪の野菊。花は薄紫。茎と葉は銀いろ。その中に〝おなぐさめ〟のお金。

そして、さき程のお悔やみ状の余白に、こう書かれていた。

〝同封のいささかなしるしは、あなたがお気に入りの何かをおもとめのときの足しにしてくださるよう、気晴らしの一助になれば、と。しっかり、しっかりと涙を流しながら、応援していますのよ〟

なんというすばらしい手紙を、私は、人生の一番悲しい日にいただいたことだろう。井上さんはその心の、そのエネルギーのすべてを傾けて、私に語りかけてくださっている。

〝五十年のお二人の人生はおしあわせ〟——私たちの結婚生活の総括を、私の心のもっとも近くに居続けてくれた親友がしてくれている。

いま、この手紙を原稿用紙に書き写しながら、私は涙ぐんでいる。

手紙は、その人の代わりに相手のところにおもむくもの。井上さんのこのお悔やみ状は、その人の心のすべてを代弁している。

夫の死のすぐあとに、これほどの全心全霊を傾けて、私を励ましてくれた友も、もうこの世にいない。

だが、その人の心はこの世に残り、ひとり暮らしの私を、日々支え続けている。

〝心ゆたかに健やかに〟——その言葉の通りに、日々を、前向きの意志をもって明るく生きたいと思っている。

なお、おなぐさめのお金で、私はシフォンの大型のマフラーを買った。紫と紅紫の、ロマンティックな色調。いまも大切にしている、そのマフラーを巻くと、亡き友に肩を抱かれ、守護されている気がしてならない。

手作りドレッシングに添えられた手紙

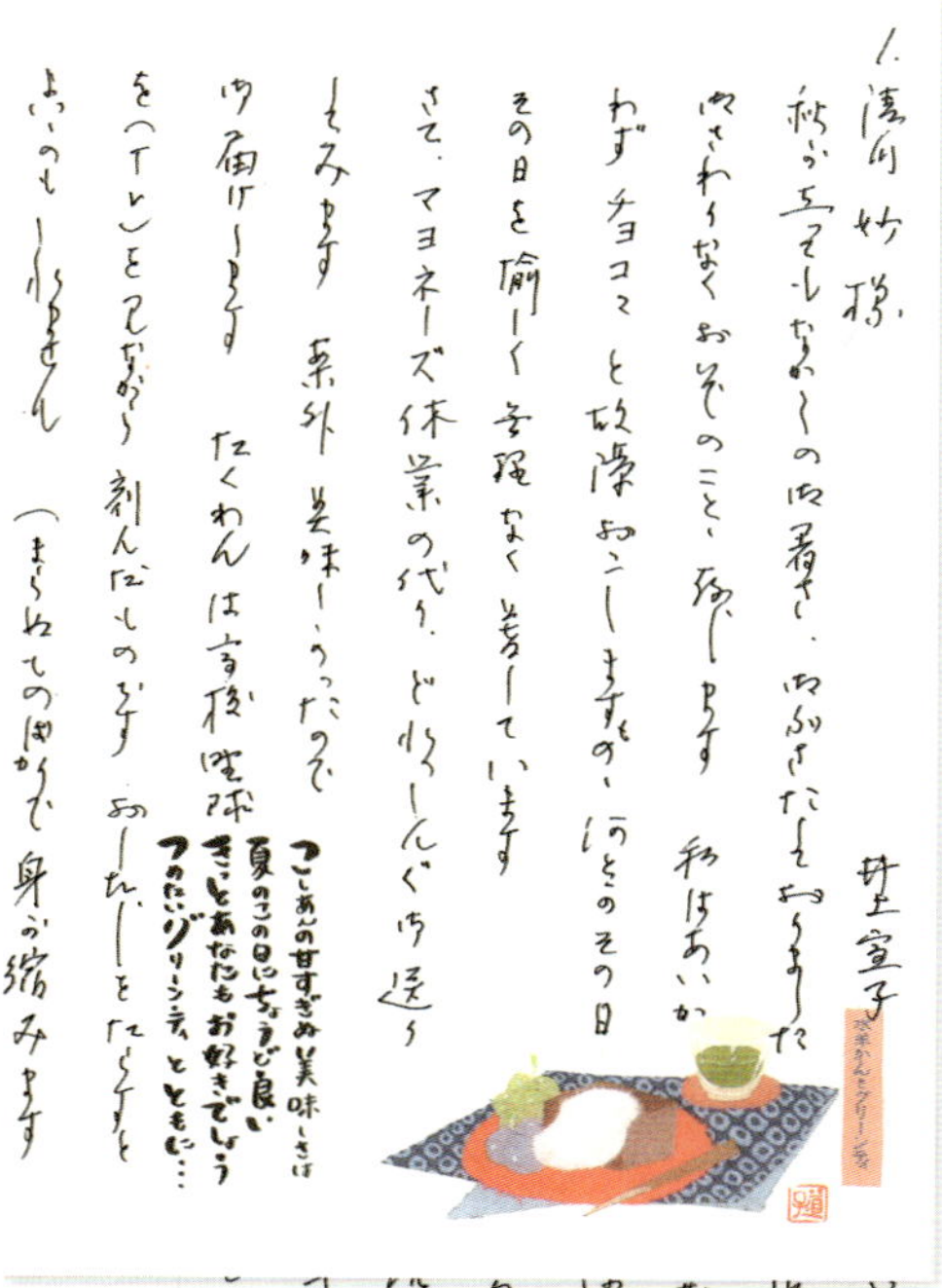
1. 清阿妙様
秋が来てもなかなかの御暑さ、御ぶさたをおりました
御かわりなくお元気のこと、存じます　私はあいか
わずチョコマと放浪おこしますもの、何とのその日
その日を愉しく会話なく暮らしています
さて、マヨネーズ休業の代り、ど作っしんぐ御送り
もみます　案外美味しかったので
御届けします　たくわんは高様陸球
を(TV)を見ながら　刻んだものです　おいしいをたらすと
よいのもしれません　(つまらぬ)ものばかりで　身が縮みます
井上宣子

2.
後になってしまって申訳なく存じますが、御恵与の御著
いただきました　すべてにプラス志向に換える
こ、を作るまでの心の鍛練を思うと
敬と感動を覚えます
感となり、魅力となり、
包みえているのですね
んでいただきたいものです
気で、私を励ましてくださる
ります

手作りマヨネーズに添えられた手紙

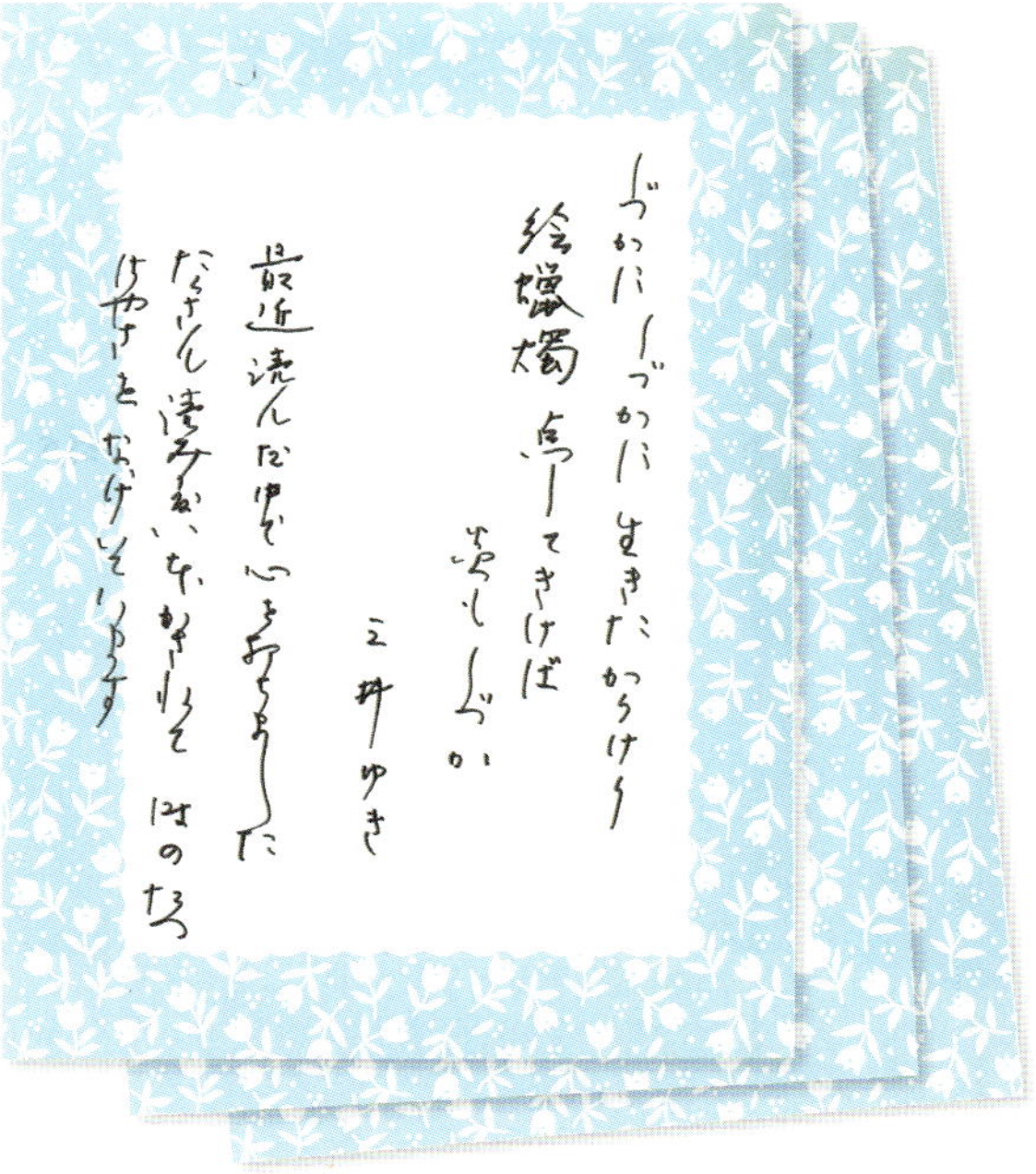

一筆箋の裏に貼られたかたかごの花の写真。ふたりで奈良を訪れたときの思い出をしのばせている。

まっすぐな若い心

北海道は小樽の西、余市《よいち》町に住む川瀬恵子《かわせけいこ》さんは、私の若き手紙友達である。

と言っても、じつは、できたての友達だ。

二〇〇七年の暮れ、黒インクのていねいなペン字で、最初の手紙がきた。

〝頬にあたる青い風がすこしずつ冷たくなってきました〟

詩的な書き出しに続くのは――、

〝六月に札幌の書店で『学んで楽しんで86歳、こころ若く生きる』(あすなろ書房）を見つけました。

そして先日うれしいことがありました。雑誌『ダ・ヴィンチ』に、この本の紹介を投稿したら掲載されたのです。清川先生のいうように誰かに文章を見せるのは、すてきなことですね。一年の終わりにビッグニュースが飛びこんできて、家族で舞いあがっています。謝礼の図書カードで、また清川さんの本を買いに走ります。よいお年をお迎えください〟

掲載されたページのコピーも同封されていた。手紙にも、コピーの文にも、まっすぐな若い心と、親愛感とマナーが感じられた。私はすぐに葉書で返事を出した。

〝ずっと書き続けて、ときどきは外の風にもあてて（投書などもして）文才をお育てください。掲載のエッセイは心がこもっていて自然体で、全体の構成もいい感じです。ハナマルをあげます〟そして、最後に〝お友達になりましょうね〟と結んだ。

年が明けて、一月の終わりにきたのが162、163ページに紹介した手紙である。花模様の封筒に、小樽運河の雪景色の切手。書き出しがこれも魅力的だ。二〇〇七年六月にはじめて私の本に出逢った恵子さんが、半年ほどの間になんと五冊も揃えてくださっていることにも、私は感激した。

それに、私のエッセイに魅かれる理由としてあげた四箇条の感想の、素直であたたかいこと……遠い町の、まだ見ぬ若い友達から、私もハナマルをもらったのだ。コツコツとていねいに書き続けてきてよかった、とあらためて思った。

一月二十八日には、ラベンダー咲く富良野の絵葉書で、

〝『今日から自分磨き―楽しみながら、少しずつ』(清流出版)を小樽で買いました。じつは昨年私も『サン・ジャックへの道』を観ました。すごい！映画の好みもぴったりです(後略)〟

さて、四月のはじめ、

〝雪がとけた畑の上に、ふきのとうが次々と顔を出しています〟と、書き出しも春めいた手紙がきた。〝あなたの手紙のことを連載ページで紹介したい〟という私の手紙への返事である。

〝(前略)連載と聞くと「やった、また本になるから、出版されたら、買っちゃおう」と喜んでしまいます。連載ってマラソンに似ていますよね。同じペースで続ける体力が要《い》ると思います。ゴール(連載完結、そして出版)のところの応援席で待っています〟

なんというありがたい友達であろう。

恵子さんはライター志望で、そのとき二十六歳。送ってきたプリクラの小さな写真をよく見ると、左の頬のえくぼがかわいかった。

余市川のほとりを一緒に歩きたい。

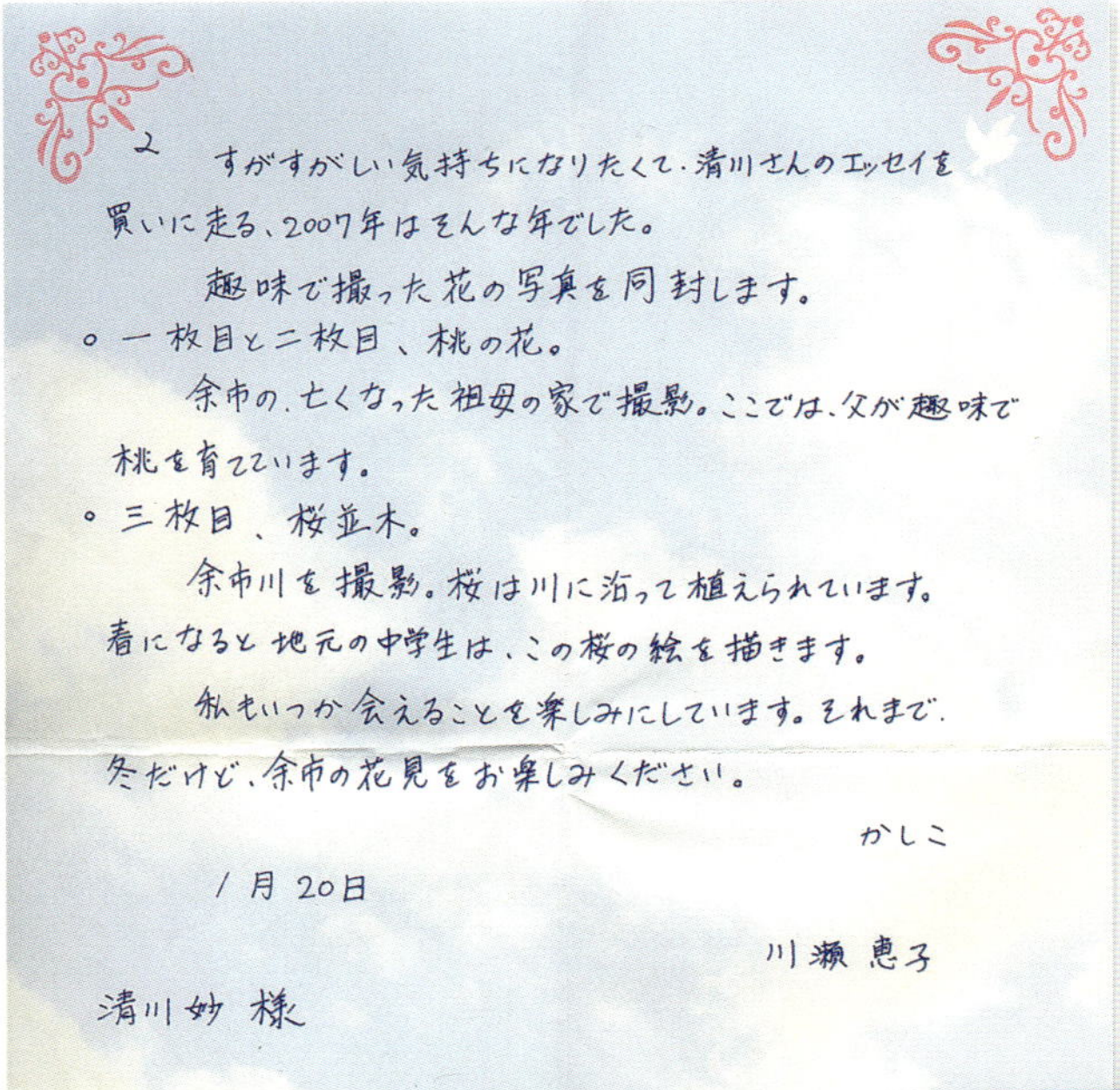

2

すがすがしい気持ちになりたくて、清川さんのエッセイを買いに走る、2007年はそんな年でした。

趣味で撮った花の写真を同封します。

。一枚目と二枚目、桃の花。

余市の、亡くなった祖母の家で撮影。ここでは、父が趣味で桃を育てています。

。三枚目、桜並木。

余市川を撮影。桜は川に沿って植えられています。春になると地元の中学生は、この桜の絵を描きます。

私もいつか会えることを楽しみにしています。それまで、冬だけど、余市の花見をお楽しみください。

かしこ

1月20日

川瀬恵子

清川妙様

同封されていた余市町の桃の花の写真。

川瀬恵子さんからの手紙（2008年1月20日）

1

拝啓

余市川の氷のあいだを泳ぐカモを見ました。

年末年始は、両親、兄と楽しく過ごしました。両親とカラオケへも行きました。清川さんもすてきな日々を過ごしたと思います。

清川さんに『お友だち』と言ってもらえたので、家族、友人、親戚（母方の祖父母）に自慢しちゃいました。著者近影や、ゆうゆうの記事を見せては、友だち紹介をしてはしゃいでいます。

清川さんの本は、5冊持っています。今は、「出会いのときめき」と「八十四歳、英語、イギリス、ひとり旅」を読んでいる途中です。5冊の本を見ながら、どうして自分はこんなにも、清川さんのエッセイにひかれるのかなと考えました。箇条書きですみません。

1、表紙に花が描かれているし、あたたかな配色。

2、文体がゆったりとしている。読んでいるとおおらかな気持ちになれる。

3、笑顔の著者が登場している。

4、読み終わると、自分の内にある世界が広く澄みわたる。

4は、他の方のエッセイではあまり味わえません。エッセイを読み終わると、自分の中の曇りのところが、すっと、晴れていくのを感じます。特に、誰かと出会うのはすてきなことなんだと改めて知ることができます。

恩師の美しい字に恋して

それは、はるかな娘時代に先生からいただいた歌帖《かちょう》。手紙ではないけれど、開くたびに先生の声が聞こえてくる。若き日から今日まで、ほとんどわが一生を通じて、ほめ、励まし、学び続けよとさとしてくださっている声だ。直筆の手紙にもまさる、先生お手書きの歌帖。この項でそのお話をしよう。

先生とは、昭和十三年から四年間、私が文科の生徒として学んだ奈良女子高等師範学校の国文学教授、木枝増一先生である。下関の女学校からあこがれの学校に入学した十七歳の私には、先生イコール学問の香りと思えた。

一年生の秋、奈良市法連のお宅にはじめてうかがったとき、思いがけなく先生は私を二階の書斎に通してくださった。天井まで届く大きな書棚の前で、おっしゃった言葉を、私は心に刻みこんだ。

「すこしずつ、ゆっくりとおこたらず、勉強は一生続けるものだよ。たとえば、万葉集なら、一日一首ずつでもいいから、読み続けていきなさい」

先生の黒板の字は、私をうっとりさせた。すこし横広がりの、あくまでもていねいに、優雅な、かすかに甘さを持つその字に恋して、私はひたすらそれを真似た。

一年生の三学期のはじまりに、私は自作の短歌をまとめた原稿を、先生にさし出して、「見ていただけたら、うれしいのですが……」と言った。数日後、廊下の黒板の片隅に「文科一年　重枝妙、来室乞う、木枝」と書かれた文字があった。その位置も、一字一字も、いまも鮮明に覚えている。

教授室で渡されたのが、168、169ページのこの歌帖である。黒と焦茶《こげちゃ》とさび紫の微妙に溶けあった紬《つむぎ》の表紙に、小さな短冊の紙を貼り、「玉帚《たまばはき》」と新年にちなんだ題までつけてくださっている。手渡しながら、先生はおっしゃった。

「歌がうまいから、ごほうびだよ。余白には続けて自分で書きなさい」

だが、私は思った。この字のあとに、どうして私の字が書けよう。いただいたときのままにして、これを一生の宝物としよう。

卒業後、第二次世界大戦の続く中、私は一度だけ、先生に会いに山口から奈良に旅した。母が苦労してやっと調達してくれた卵をさしあげたくて。だが、折りあしく先生はご不在で、お目にかかれなかった。戦後まもなく、先生は逝去された。私に残されたのは、先生の、学問を心から愛された言葉と、一冊の歌帖。墨の文字の匂うような美しさはその日のままだ。

歌帖の中のわが歌を読んでみれば、若き日の心が感覚を伴って蘇ってくる。

濡れ鹿は毛の匂ひつつうすあかき櫻霜葉《しもば》を食《は》みてゐるかも

私は先生に呼びかける。「先生、私はいまも先生の字を真似て、原稿や手紙を、ていねいに心をこめて書いていますよ」と。

昨年、私は先生のお嬢様に手紙をさしあげた。お返事はこう書き出されていた。

〃父の字でした。父からの手紙と思いました〃

重枝（清川）妙・歌、木枝増一先生・筆による「歌帖」（昭和14年）

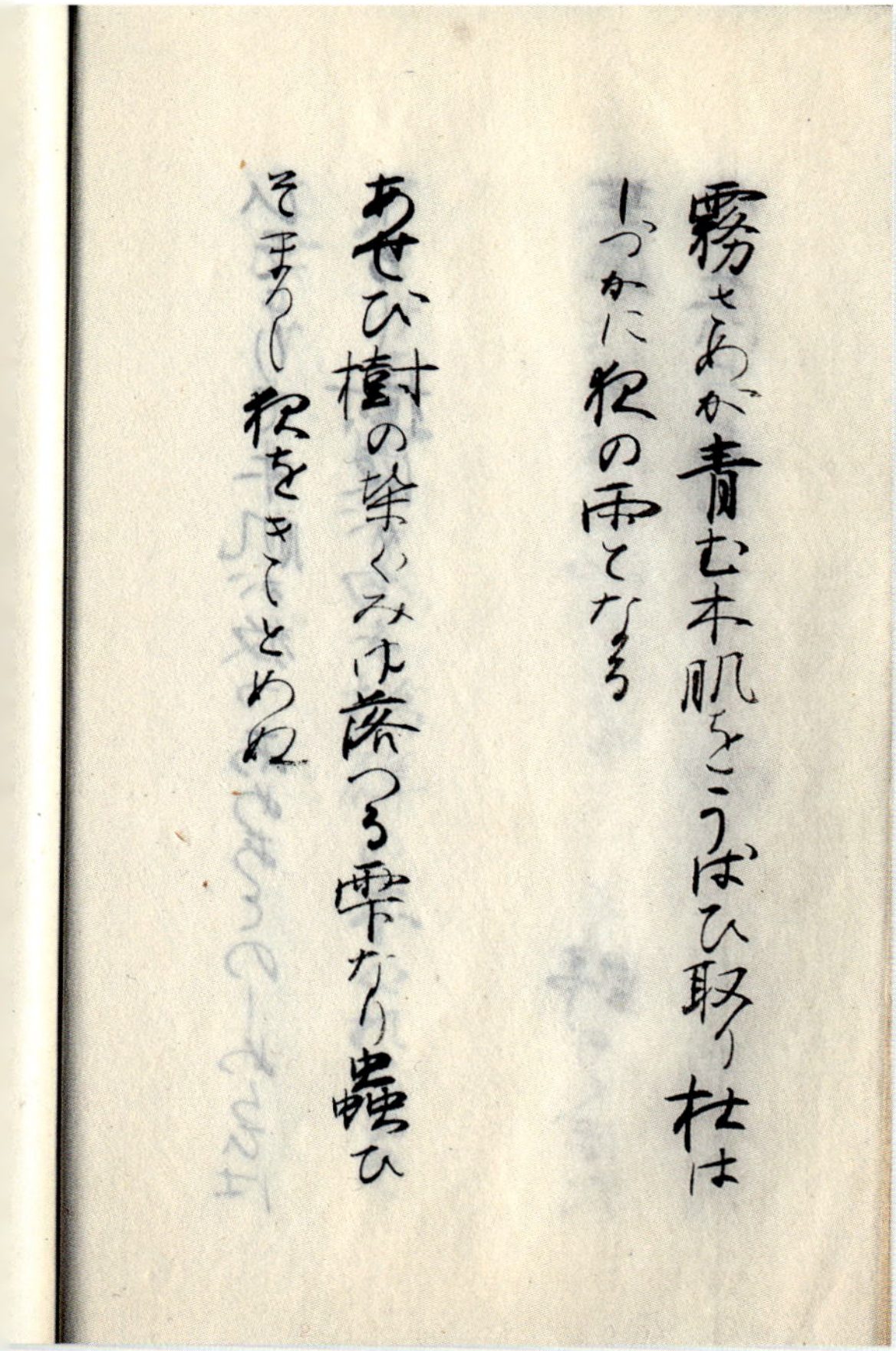

おおらかで清々しい墨文字は70年あまりの時間を感じさせない。

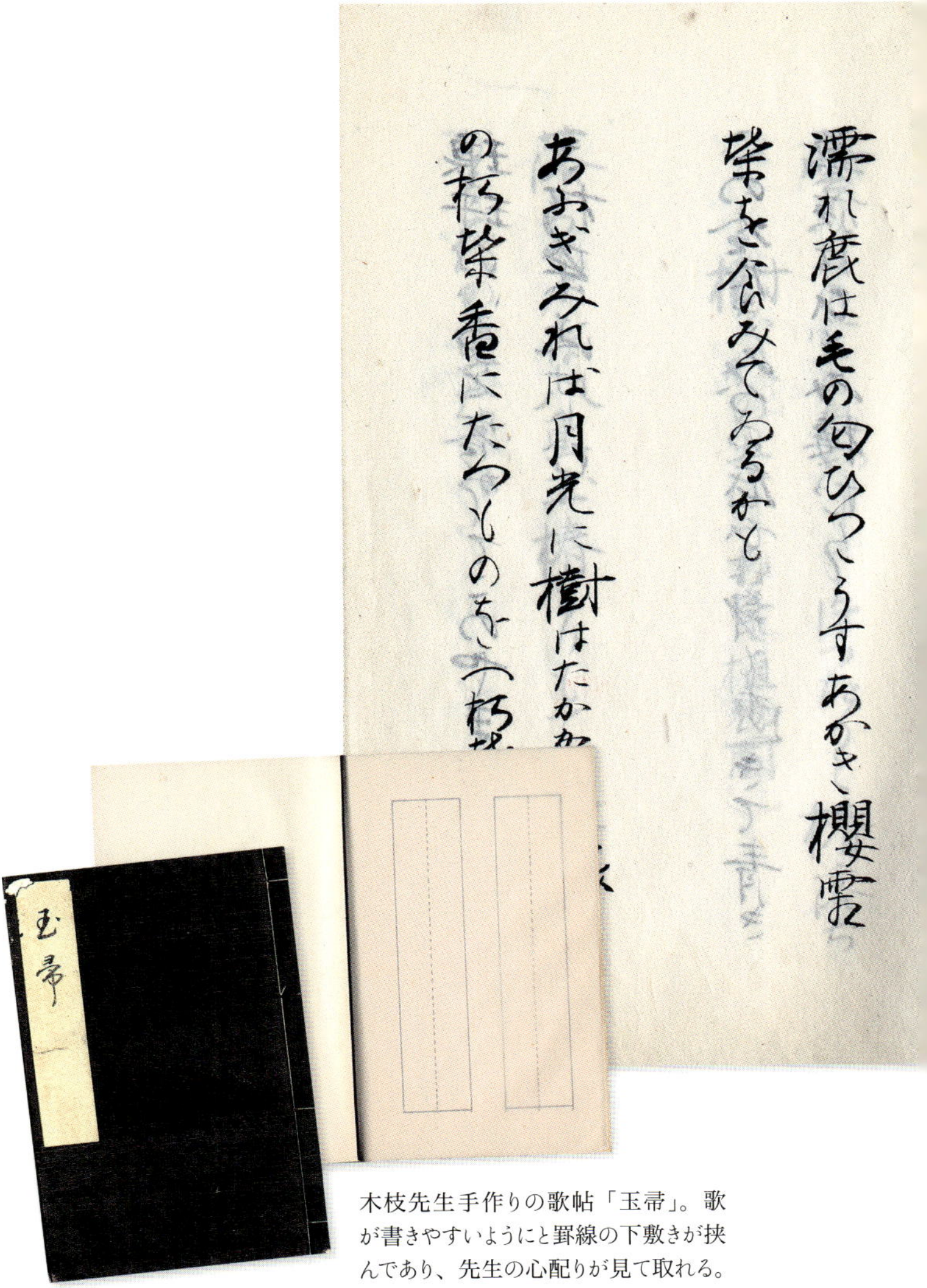

木枝先生手作りの歌帖「玉帚」。歌が書きやすいようにと罫線の下敷きが挟んであり、先生の心配りが見て取れる。

あなたと私と門柱の間

ここで紹介するのは、いまから二十五年前、イギリスの旅でお世話になったガイド、ロビン・ブラムレーさんのお手紙である。

それは、主婦の友社の『ディム』誌の依頼で、イギリスのマナー・ホテル二か所にそれぞれ二泊して、旅のエッセイを書くために取材にでかけた旅だった。編集長がイギリス人ガイドをつけてくださるというので、私は「日本語のわからない、英語だけを話す人を」と、わざわざ注文をつけた。五十三歳から六十五歳のそのときまで、ひたすらに取り続けていた英語の個人レッスンの成果を試したかったのである。

オックスフォード大学を出たブラムレーさんは、知的で文学にもくわしく、私と波長がよく合った。彼はなんと親身に私を助けてくれたことか。その四日間に、私は旅に役立つ英語とマナーについての集中レッスンも受けることができた。そして、彼と別れてからは、はじめての完全ひとり旅をヨーク、エジンバラで試したのだった。

雑誌ができると、もちろん、私はすぐにブラムレーさんに送った。174、175ページがそのお礼状である。ウエストミンスター寺院を描いた水彩画の絵葉書の裏に書かれている。

〝ディア・ミセス清川。

すばらしい『ディム』誌が昨日届きました。写真がとてもよく撮れていて――ことにロングヴィル・マナーの赤い蔦《つた》に覆われたタワーの写真は私をゾクゾクさせました（ここだけの話ですが、あの写真はかなり芸術的だと思いますよ）。あなたが、泊まり客のレディーと話している写真も、とても愉しい感じですね。

そして、あなたは私のことをなんと親切に書いてくださったことでしょう。私は今日友達にあなたの文章を翻訳してもらったんですよ。

私は仕事と家の改装に忙しく暮らしています。あなたのご近況はいかがですか。

きたる1987年が良い年でありますように。

心をこめて。　ロビン〟

なんと魅力たっぷりの手紙だろうと、私は訳しながらも思った。その魅力のポイントを箇条書にして確かめてみよう。

＊短い文章なのに、すべてのことを的確に、しかもやわらかい表現で言いつくしている。ほめ言葉も充分。

＊〝ここだけの話ですが〟と訳したのは〝あなたと私と門柱の間《ビトウィン・ユー・ミー・アンド・ザ・ゲートポスト》〟とい

う慣用句だが、四日間、私たちはさかんにこれを使って、内緒話を愉しんだ。親愛感の演出がうまい。

＊打てば響く早わざ。昨日、雑誌を受け取り、今日、友達に翻訳を頼み、その日のうちにこの手紙を書いている。

＊各行と字の傾斜が、いずれもきれいに揃っている。紳士《ジェントルマン》の手紙。

＊絵葉書の裏面に文章を書き、封筒に入れて出す、という小意気な方法を、私は彼にはじめて教わった。以来、この方法をよく使う。雨の日などは、ことにおすすめ。

この手紙の後、二年ばかり続いた文通もいつか途絶《とだ》えた。この本を送って、ご無沙汰のおわびをしよう。その返事をまた紹介できるといいなあ、と夢みている。

ロビン・ブラムレーさんからの手紙（1986年12月9日）

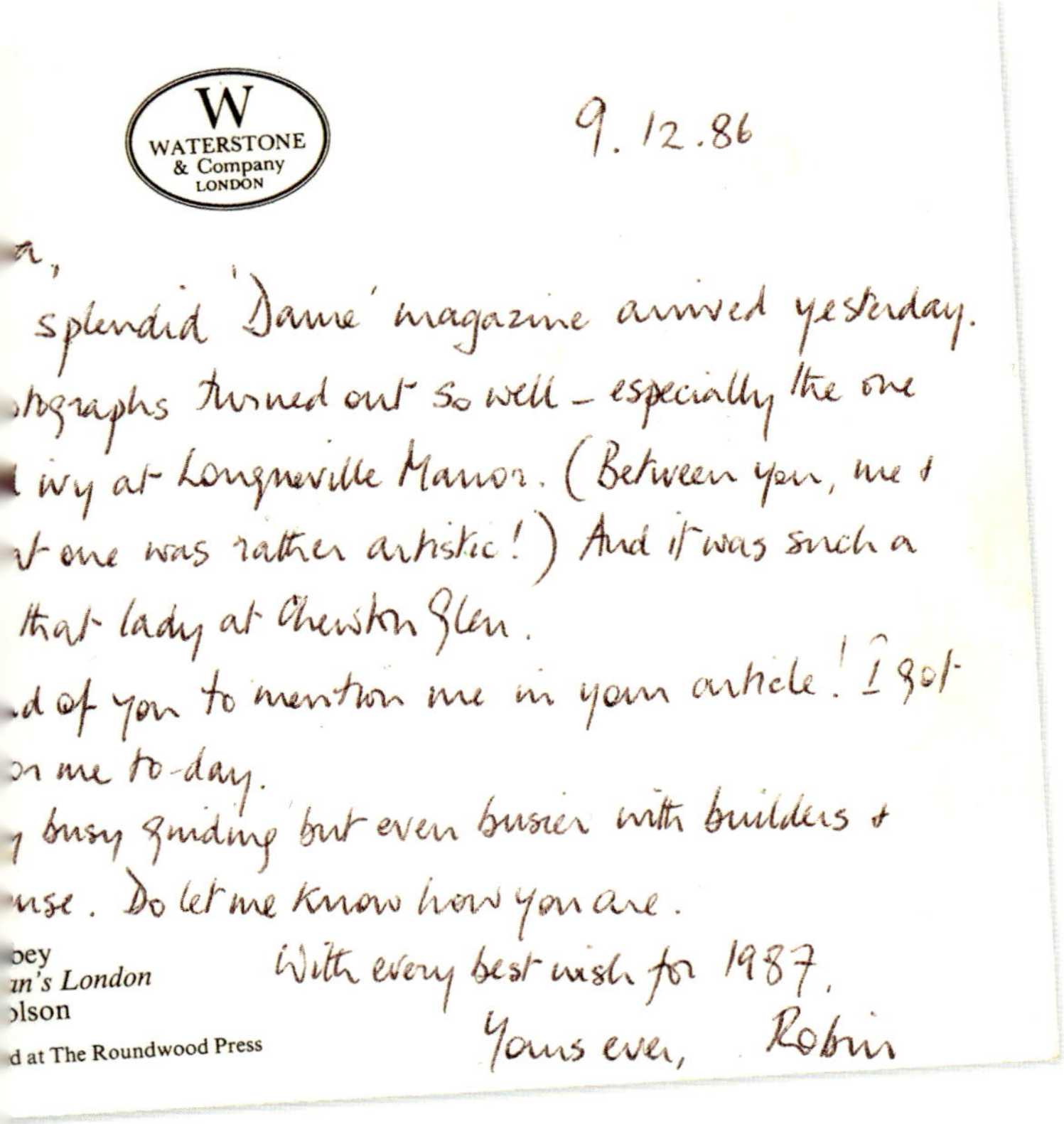
WATERSTONE & Company LONDON

9.12.86

a,
splendid 'Dame' magazine arrived yesterday.
tographs turned out so well – especially the one
ivy at Longueville Manor. (Between you, me &
t one was rather artistic!) And it was such a
that lady at Chewton Glen.
d of you to mention me in your article! I got
n me to-day.
busy guiding but even busier with builders &
use. Do let me know how you are.
With every best wish for 1987.
Yours ever, Robin

bey
n's London
lson
d at The Roundwood Press

ブラムレーさんからの絵葉書（裏）。規則的な右下がりのていねいな文字は、ブラムレーさんの人柄をあらわしている。

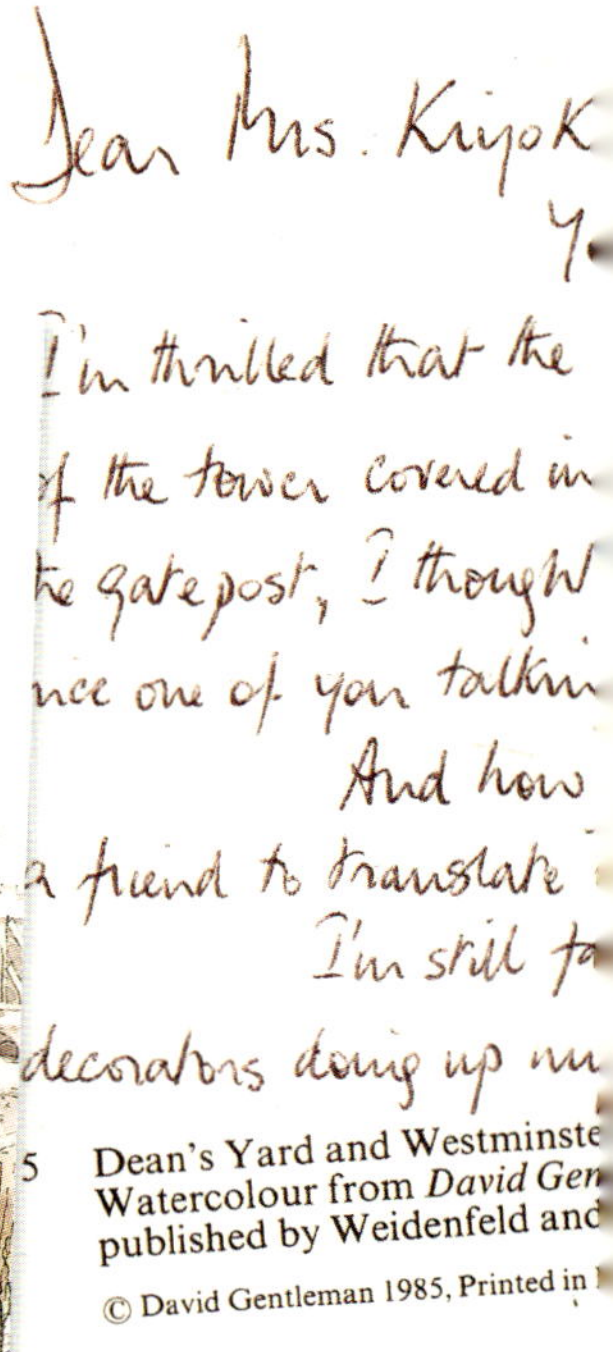
Dear Mrs. Kiyok
Y
I'm thrilled that the
of the tower covered in
the gatepost, I thought
nce one of you talkin
And how
a friend to translate
I'm still fa
decorators doing up m

5 Dean's Yard and Westminste
Watercolour from *David Gen*
published by Weidenfeld and
© David Gentleman 1985, Printed in

ウエストミンスター寺院を描いた水彩画の絵葉書（表）

別れの手紙は感謝の手紙

二〇〇八年の六月十七日に「枕草子の教室」の十年来の生徒の駒宮初江《こまみやはつえ》さんからお手紙がきた。白い封筒に、鳥と小枝のカットワーク。カットの間から淡いブルーの便箋がのぞく。季節感にあふれたいでたちの手紙である。

それは思いがけなく〝しばしの別れの手紙〟だった。〝先生、おかえりなさい〟という書き出しは、私がボストンひとり旅から帰ったばかりだからである。

駒宮さんは、枕草子の〝宮にはじめてまゐりたる頃〟のように、はじめて教室にあらわれた日のことを、なつかしく回想しているが、私もまた、その日の彼女の自己紹介のことを克明に覚えている。

「今朝まで迷っていました。古典はむつかしくないかなあって。でも、今朝早く起きて、菖蒲の葉に露がキラリと光っているのを見て、まあ、すてきと思い、そう感じるのは自分の感性だとうれしくなりました。そして、そうだ、この感性を磨こう、と決心して、すぐに、教室に来たのです」

私もうれしくなって、

「徒然草の言葉ですが、思いたって、すぐに実行する〝その一念〟がえらいですね。今日勉強する〝あてなるもの〟の中にも〝水晶の数珠《ずず》、いみじううつくしき稚児《ちご》の苺《いちご》食ひたる〟と、光るものが出てきますよ」

と歓迎したのだった。

お住まいの茨城県古河市から、往復それぞれ二時間ずつかけて、駒宮さんは通い続けてくださった。一年に十二回、十年で百二十回——勉強の積み立て貯金のようだ。

私は、何度も読み返し、この手紙こそ、別れの手紙のサンプルのようだと感心した。どんなところに感心したか、箇条書にしてみよう。
＊まず、書き出し。〝今回旅のお話は本を通して〟などと、はっきりテーマを打ち出し、別れの手紙だと、私にわからせている。
＊はじめての教室の思い出は具体的に書かれて印象鮮明。具体的ということは、あらゆる文章に大切なポイント。
＊〝10年の間に、私の両親も、主人の母も年を重ね、いろいろと助け船が必要になりました〟――シンプルだが、介護だということがよくわかる。聡明で感性ある書き方。
＊〝また、お伺い出来る時は顔を出すかもしれません。どうぞよろしくお願い致します〟とフォローもけっして忘れていない。
＊私の手紙の本へのお礼もこまやか。

＊結びも前向きに明るくきめている。
「別れの手紙は感謝の手紙と思って書くこと」

これは私の持論である。駒宮さんのお手紙はこの持論に貫かれている。私はこの手紙を「枕草子の教室」に持参して、みんなの前で披露して、感想も訊いてみた。三十年近く通ってきている方の答えはこうだった。

「思い出も言葉もすべてこまやかに語られ、手紙全体に感謝があふれていました」

駒宮さんの勉強の成果もさることながら、この感想の感度のよさも、継続あってこそと私にはうれしいものであった。

駒宮初江さんからの手紙（２００８年６月17日）

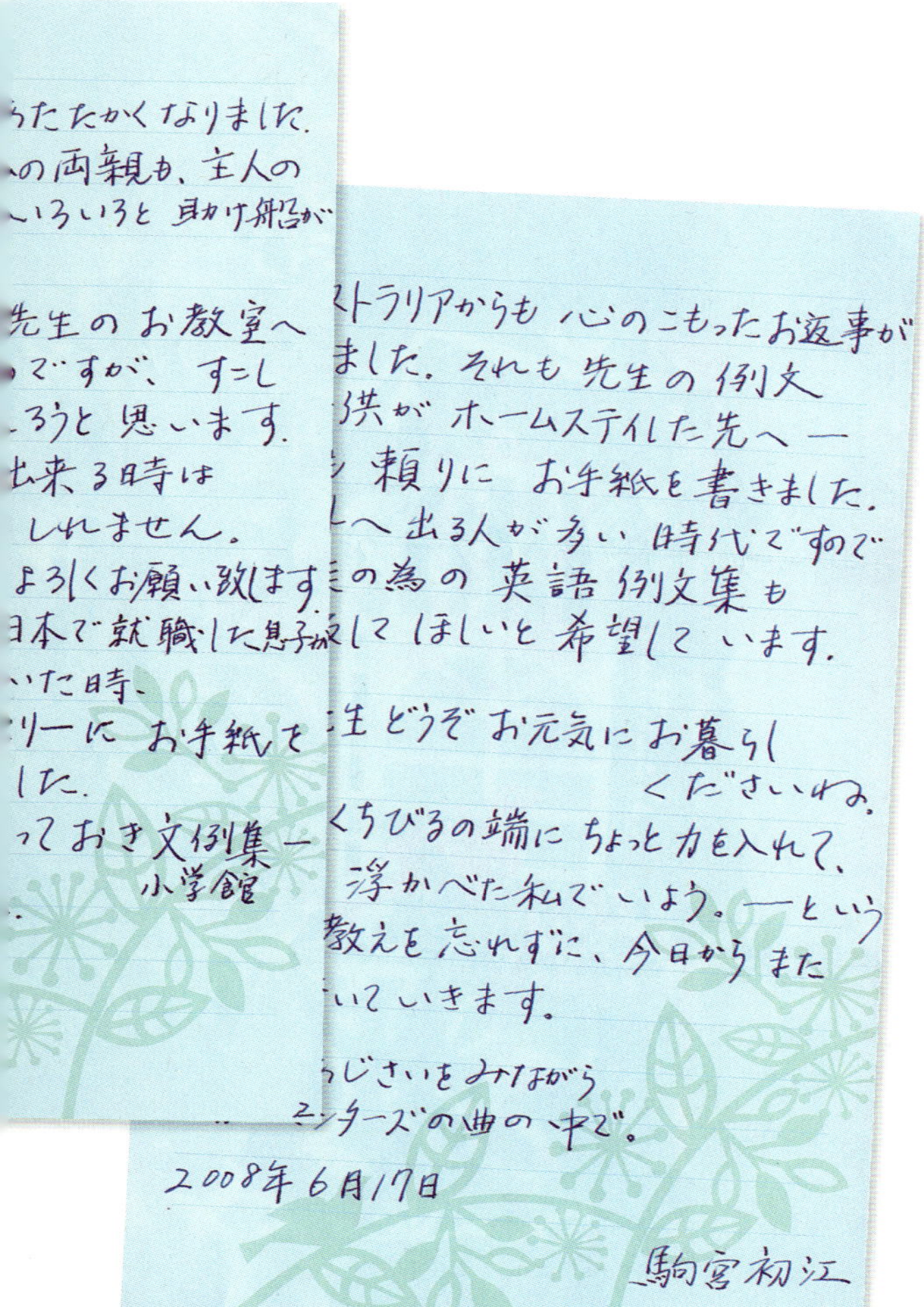
…たたかくなりました。
…の両親も、主人の
…いろいろと 助け船が

…先生の お教室へ
…のですが、 すこし
…ろうと 思います。
…出来る時は
…しれません。
…よろしくお願い致します。
…日本で就職した息子が
…いた時、
…リーに お手紙を
…した。
…っておき文例集―
小学館

…ストラリアからも 心のこもったお返事が
…ました。それも 先生の 例文
…供が ホームステイした先へ ―
…頼りに お手紙を書きました。
…へ出る人が多い 時代ですので
…の為の 英語 例文集も
…してほしいと 希望しています。

…生 どうぞ お元気にお暮らし
くださいね。
…くちびるの端に ちょっと力を入れて、
…浮かべた私でいよう。―という
…教えを忘れずに、今日から また
…いていきます。

…じさいをみながら
…ンターズの曲の中で。
2008年6月17日

駒宮初江
3

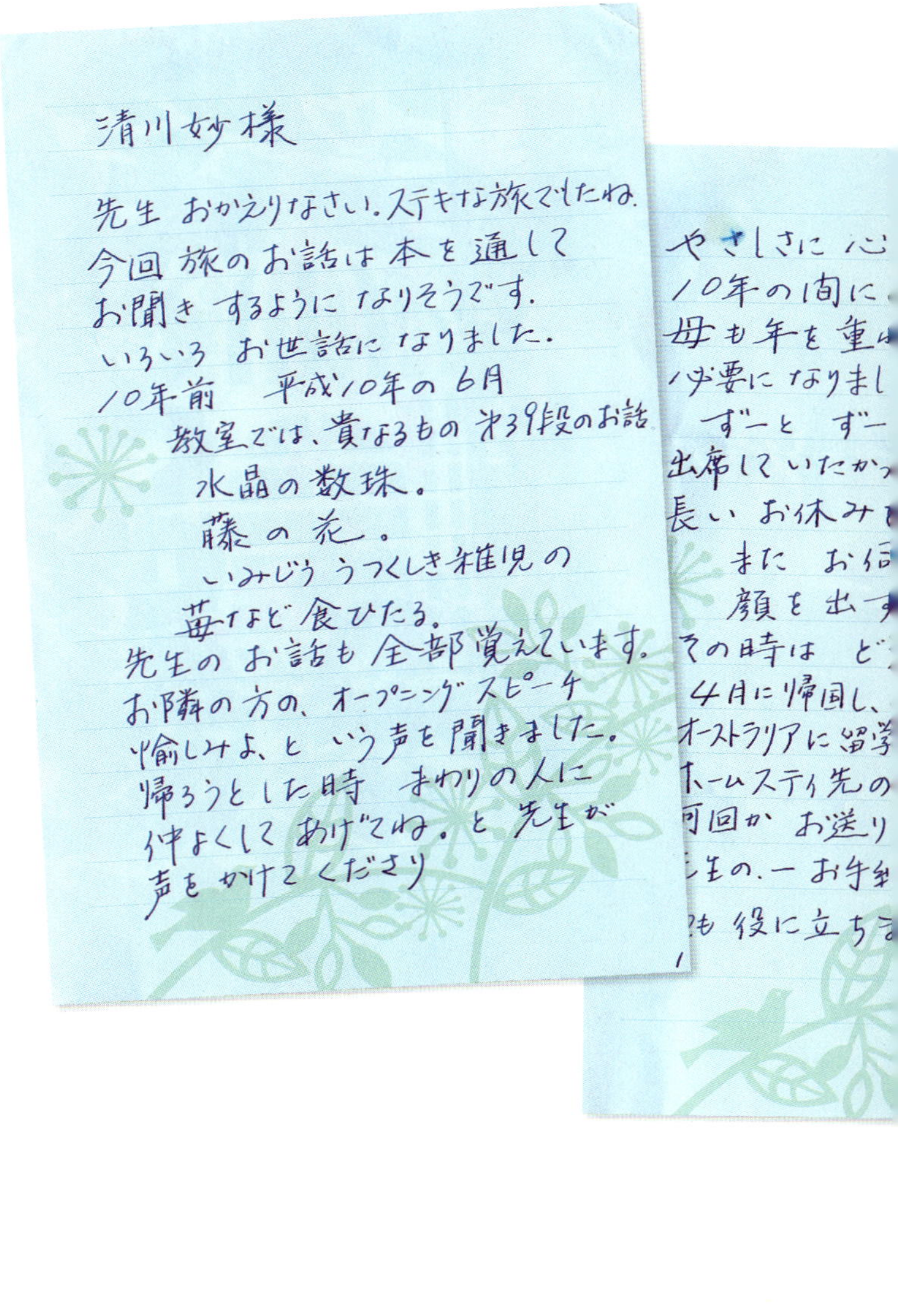
清川妙様

先生 おかえりなさい。ステキな旅でしたね。
今回 旅のお話は 本を通して
お聞き するように なりそうです。
いろいろ お世話になりました。
10年前 平成10年の6月
教室では、貴なるもの 第39段のお話
水晶の数珠。
藤の花。
いみじう うつくしき稚児の
苺など食ひたる。
先生のお話も全部覚えています。
お隣の方の、オープニングスピーチ
愉しみよ、と いう声を聞きました。
帰ろうとした時 まわりの人に
仲よくしてあげてね。と 先生が
声をかけてくださり
1

やさしさに 心
10年の間に
母も年を重
必要になりまし
ずーと ずー
出席していたかっ
長い お休みを
また お伺
顔を 出す
その時は ど
4月に帰国し、
オーストラリアに留学
ホームステイ先の
何回か お送り
先生の、一お手紙
も 役に立ちま

大切なもうひとりの娘

淡青色の透けたプラスティックの箱に、私あての千恵子の手紙はぎっしり入っている。

千恵子とは、いまは亡き息子一史《いっし》の妻。一史は千恵子との幸福な十五年間の生活の後、四十九歳で癌のためこの世を去った。その日からもう十七年経つ。手紙箱の手紙を読み返せば、二人の結婚生活のしあわせと、夫亡きあとの千恵子の生き方のけなげさが、具体的な形でこまやかに心に呼びかけてくる。

たとえば、奈良の大仏座像の絵葉書に書かれた、結婚八年目頃の千恵子の手紙――。

〝お正月から旅をしています。今日は四日目。私たち元気です。一日目は奈良公園、春日大社、東大寺を歩き廻ってきました。雪のムードがよかったですよ。二日目は山の辺の道を歩きました。とても静かなところです。三日目は柳生街道を歩き、さすがに疲れました。今日は法華寺、海龍王寺、大安寺を見にいく予定です〟

なんたる強行軍！　この旅だよりを読み返しては、短いけれど充実しきっていた息子の人生を祝福してやりたいと、私は心に言い聞かす。

一史は耳が不自由だった。ろう学校から早稲田大学の第二文学部に入り、日本史を修め、卒業後はろう学校の教師になった。千恵子もすこし難聴だが、補聴器をつければ日常に不便はない。二人の共通の趣味は旅だった。一史は旅を通して中世城址の研究を深め、千恵子は旅のスケッチをもとに、絵や版画を制作した。

一史の死後、千恵子はマイクロソフトオフィススペシャリスト（ワード）の資格試験に挑戦し、合格。一般事務として技術を活かし働きはじめた。

〝体の続くかぎり働くつもりです〟

その手紙に、私はこんな返事を出した。

〝一史がいつも見守っていますよ〟

私は思い出す。結婚披露の小さなパーティーで、花嫁の千恵子がスピーチした言葉を。

「一史さんと結婚できて、とてもうれしいです」

なんと素直なまごころこもる言葉か。私はこの新しくできた娘との縁を一生大事にしたいと、そのとき、心から思った。

このまごころは、一史亡きあとも変わらずに私に向けられている。母の日、誕生日、贈りものへの添え手紙、お礼状——おたがいネコが好きだから、ネコものの絵葉書やカードがいっぱい。たとえば、ある年の母の日には、〝もうすぐ母の日。感謝の気持ちをこめて八日にお母様にお花をお送りいたします。いつ会っても変わらないお母様。いつまでも元気でいてください〟——たてまえと本音の使い分けのないピュアな心が光っている。

とくに魅力的なのは、吉例の手作り版画の年賀状である。その年の干支《えと》に合わせて、図柄も何かユーモラスに、彩りも華やかな彼女の年賀状を、毎年愉しみにしている。

古いものと最近のものをとり集めて、紹介してみた。千恵子の素直な明るさと暮らしを愉しむかわいさを汲みとってほしい。

千恵子からの年賀状

ユーモラスなものからシンプルなものまで、すべて手作り。

旅先の版画

旅が趣味の千恵子は、行く先々の風景を版画に残している。

おわりに

この本を最後まで読み終えたあなたは、手紙を書くことの深い効果に、かならず気づかれたはずです。そうです。手紙を書く。それも、一生の間、書き続けるという心の作業は、確実にあなたの人生を実らせ、愉しいものにさせます。私自身、手紙を書かない日はほとんどありません。執筆、講義と忙しい日々ですが、手紙書きもまた私の大切な日課になっています。夜、心をこめて書いた手紙を、玄関の靴箱の上の状差しに立てておき、翌朝、散歩を兼ねて、近くの桜並木の道をポストまで出しにいきます。手にした葉書や封筒の字を、ていねいに書いていることに、自分で満足しながら。いつまでもこの日々の習慣を守り続けたいと願っています。

＊　＊　＊

この本は、小学館の『はなまるげんき』という雑誌に連載したものに、新しく書き下ろした四編を加えて編集していただきました。

連載中は、國松薫さんに大変お世話になりました。出版にあたっては、ご縁の深い清流出版にお引き受けいただき、清流出版出版部の松原淑子さん、編集協力者の渡辺のぞみさんに深いお心配りをいただきました。それぞれの皆様に心からの感謝をささげます。原田恵都子さんの手によって、清新繊細な感覚の装丁を得たことも、なんとうれしいことでしょう。

このしあわせな本が、たくさんの方に読まれ、愛していただけますように。

二〇一二年　秋

清川　妙

本書は、『はまなるげんき』（小学館）二〇〇七年十一月号〜二〇〇九年三月号に掲載された原稿に、書き下ろし「銀座で出逢ったドレミのおじさん」「励まし合いの心の緒」「リンボウ先生が訪ねてきてくれた！」「心が落ちこんだ日の常備薬」を加え、再構成しました。

清川妙《きよかわたえ》

一九二二年、山口県生まれ。奈良女子高等師範学校（現・奈良女子大学）文科卒。教職を経たのち文筆活動に入る。エッセイ、古典評論、手紙の書き方など、多方面にわたる執筆、講演会などで幅広く活躍中。著書に『今日から自分磨き―楽しみながら、すこしずつ』（清流出版）、『妙ちゃんが行く！　本・ひとり旅・おいしい時間のお福分け』（すばる舎）、『九十歳。生きる喜び学ぶ楽しみ』（海竜社）、『心ときめきするもの―学び直しの古典』（新日本出版社）、『清川妙　91歳の人生塾』（小学館）他多数。

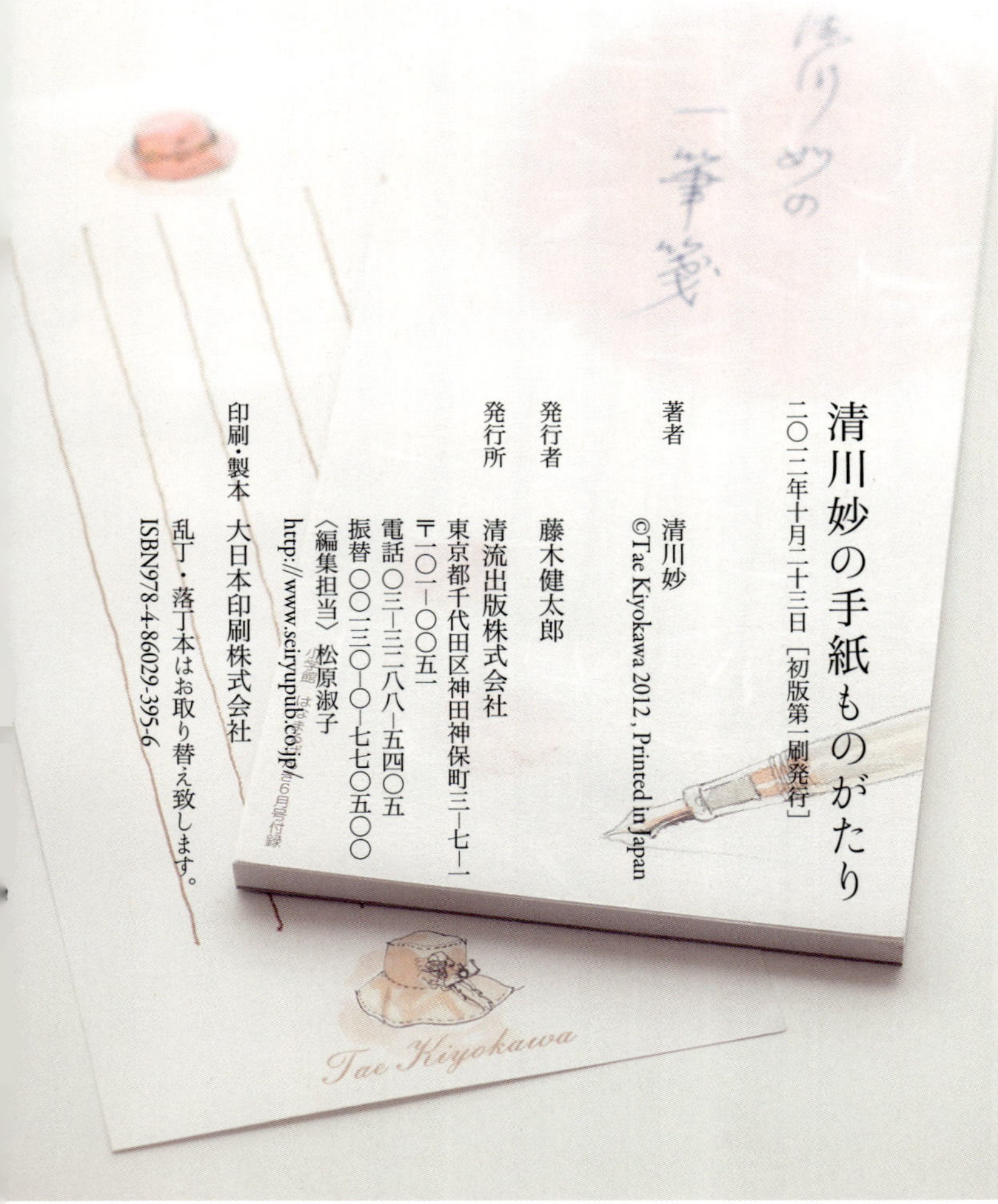

清川妙の手紙ものがたり

二〇一三年十月二十三日［初版第一刷発行］

著者　清川妙

発行者　藤木健太郎

発行所　清流出版株式会社
東京都千代田区神田神保町三―七―一
〒一〇一―〇〇五一
電話　〇三―三二八八―五四〇五
振替　〇〇一三〇―〇―七七〇五〇〇
〈編集担当〉松原淑子
http://www.seiryupub.co.jp/

印刷・製本　大日本印刷株式会社

乱丁・落丁本はお取り替え致します。
ISBN978-4-86029-395-6